は　じ　め　に

技能検定は、労働者の有する技能を一定の基準によって検定し、これを公証する国家検定制度であり、技能に対する社会一般の評価を高め、働く人々の技能と地位の向上を図ることを目的として、職業能力開発促進法に基づいて1959年（昭和34年）から実施されています。

当研究会では、1975年（昭和50年）から技能検定試験受検者の学習に資するため、過去に出題された学科試験問題（１・２級）に解説を付して、「学科試験問題解説集」を発行しております。

このたびさらに、令和２・３・４年度に出題された学科試験問題、ならびに令和４年度の実技試験問題（計画立案等作業試験は令和２・３・４年度を収録）を「技能検定試験問題集（正解表付き）」として発行することになりました。

本問題集が１級・２級の技能士を目指して技能検定試験を受検される多くの方々にご利用いただき、大きな成果が上がることを祈念いたします。

令和５年７月

一般社団法人 雇用問題研究会

目　次

技能検定の概要

1　技能検定試験の等級区分

技能検定試験は合格に必要な技能の程度を等級ごとに次のとおりに区分しています。

特　　級：検定職種ごとの管理者又は監督者が通常有すべき技能及びこれに関する知識の程度

1　　級：検定職種ごとの上級の技能労働者が通常有すべき技能及びこれに関する知識の程度

2　　級：検定職種ごとの中級の技能労働者が通常有すべき技能及びこれに関する知識の程度

3　　級：検定職種ごとの初級の技能労働者が通常有すべき技能及びこれに関する知識の程度

単一等級：検定職種ごとの上級の技能労働者が通常有すべき技能及びこれに関する知識の程度

※これらの他に外国人実習生等を対象とした基礎級があります。

2　検定試験の基準

技能検定は、実技試験及び学科試験によって行われています。

実技試験は、実際に作業などを行わせて、その技量の程度を検定する試験であり、学科試験は、技能の裏付けとなる知識について行う試験です。

実技試験及び学科試験は、検定職種の等級ごとに、それぞれの試験科目及びその範囲が職業能力開発促進法施行規則により、また、その具体的な細目が厚生労働省人材開発統括官通知により定められています。

(1)　実技試験

実技試験は、実際に作業（物の製作、組立て、調整など）を行わせて試験する、製作等作業試験が中心となっており、検定職種の大部分のものについては、その課題が試験日に先立って公表されています。

試験時間は、１級、２級及び単一等級については原則として５時間以内、３級については３時間以内が標準となっています。

また、検定職種によっては、製作等作業試験の他、実際的な能力を試験するため、次のような判断等試験又は計画立案等作業試験が併用されることがあります。

① 判断等試験

判断等試験は、製作等作業試験のみでは技能評価が困難な場合又は検定職種の性格や試験実施技術等の事情により製作等作業試験の実施が困難な場合に用いられるもので、例えば技能者として体得していなければならない基本的な技能について、原材料、模型、写真などを受検者に提示し、判別、判断などを行わせ、その技能を評価する試験です。

② 計画立案等作業試験

製作等作業試験、判断等試験の一方又は双方でも技能評価が不足する場合に用いられるもので、現場における実際的、応用的な課題を、表、グラフ、文章などにより設問したものを受検者に提示し、計算、計画立案、予測などを行わせることにより技能の程度を評価する試験です。

(2) 学科試験

学科試験は、単に学問的な知識を試験するものではなく、作業の遂行に必要な正しい判断力及び知識の有無を判定することに主眼がおかれています。また、それぞれの等級における試験の概要は次表のとおりです。

この中で、真偽法は一つの問題文の正誤を解答する形式であり、五肢択一法及び四肢択一法は一つの問題文について複数の選択肢の中から一つを選択して解答する形式です。

■学科試験の概要

等級区分	試験の形式	問題数	試験時間
特　　級	五肢択一法	50 題	2 時間
1　　級	真偽法及び四肢択一法	50 題	1 時間 40 分
2　　級	真偽法及び四肢択一法	50 題	1 時間 40 分
3　　級	真偽法	30 題	1 時間
単一等級	真偽法及び四肢択一法	50 題	1 時間 40 分

3　技能検定の受検資格

技能検定を受検するには、原則として検定職種に関する実務の経験が必要で、その年数は職業訓練歴、学歴等により異なっています（別表 1 参照）。

この実務の経験の範囲には、現場での作業のみならず管理、監督、訓練、教育及び研究の業務や訓練又は教育を受けた期間が含まれます。

4　試験の実施日程

技能検定試験は職種ごとに前期、後期に分かれていますが、日程の概要は次のとおりです。

項	前　期	後　期
受付期間	4月上旬～中旬	10月上旬～中旬
実技試験	6月上旬～9月上旬	12月上旬～翌年2月中旬
学科試験	8月下旬～9月上旬の日曜日 3級は7月上旬～中旬の日曜日	翌年1月下旬～2月上旬の日曜日
合格発表	10月上旬、3級は8月下旬	翌年3月中旬

※日程の詳細については都道府県職業能力開発協会（連絡先等は別表2参照）にお問い合わせ下さい。

5　技能検定の実施体制

技能検定は厚生労働大臣が定めた、実施計画に基づいて行うものですが、その実施業務は、厚生労働大臣、都道府県知事、中央職業能力開発協会、都道府県職業能力開発協会等の間で分担されており、受検の受付及び試験の実施については、都道府県職業能力開発協会が行っています。

6　技能検定試験受検手数料

技能検定試験の受検手数料は「実技試験：18,200円」及び「学科試験：3,100円」を標準額として、職種ごとに各都道府県で決定しています（令和5年4月1日現在、都道府県知事が実施する111職種）。

なお、25歳未満の在職者の方は、2級又は3級の実技試験の受検手数料が最大9,000円減額されます。詳しくは都道府県職業能力開発協会にお問い合わせ下さい。

7　技能検定の合格者

技能検定の合格者には、厚生労働大臣名（特級、1級、単一等級）又は都道府県知事名等（2級、3級）の合格証明が交付され、技能士と称することができます。

別表1

技能検定の受検に必要な実務経験年数一覧

（都道府県知事が実施する検定職種）

（単位：年）

<table>
<tr><td colspan="2" rowspan="2">受　検　対　象　者
（※1）</td><td>特級</td><td colspan="3">1　　級</td><td colspan="2">2　　級</td><td rowspan="2">3
級
（※6）</td><td rowspan="2">基礎級
（※6）</td><td rowspan="2">単一等級</td></tr>
<tr><td>1　級
合格後</td><td></td><td>2　級
合格後</td><td>3　級
合格後</td><td>（※6）</td><td>3　級
合格後</td></tr>
<tr><td colspan="2">実務経験のみ</td><td rowspan="15">5</td><td>7</td><td rowspan="10">2</td><td rowspan="10">4</td><td>2</td><td rowspan="13">0</td><td>0 ※7</td><td>0 ※7</td><td>3</td></tr>
<tr><td colspan="2">専門高校卒業　※2
専修学校（大学入学資格付与課程に限る）卒業</td><td>6</td><td>0</td><td>0</td><td>0</td><td>1</td></tr>
<tr><td colspan="2">短大・高専・高校専攻科卒業　※2
専門職大学前期課程修了
専修学校（大学編入資格付与課程に限る）卒業</td><td>5</td><td>0</td><td>0</td><td>0</td><td>0</td></tr>
<tr><td colspan="2">大学卒業（専門職大学前期課程修了者を除く）　※2
専修学校（大学院入学資格付与課程に限る）卒業</td><td>4</td><td>0</td><td>0</td><td>0</td><td>0</td></tr>
<tr><td rowspan="3">専修学校　※3
又は各種学校卒業
（厚生労働大臣が指定したものに限る。）</td><td>800 時間以上</td><td>6</td><td>0</td><td>0 ※8</td><td>0 ※8</td><td>1</td></tr>
<tr><td>1600 時間以上</td><td>5</td><td>0</td><td>0 ※8</td><td>0 ※8</td><td>1</td></tr>
<tr><td>3200 時間以上</td><td>4</td><td>0</td><td>0 ※8</td><td>0 ※8</td><td>0</td></tr>
<tr><td>短期課程の普通職業訓練修了 ※4 ※9</td><td>700 時間以上</td><td>6</td><td>0</td><td>0 ※5</td><td>0 ※5</td><td>1</td></tr>
<tr><td rowspan="2">普通課程の普通職業訓練修了 ※4 ※9</td><td>2800 時間未満</td><td>5</td><td>0</td><td>0</td><td>0</td><td>1</td></tr>
<tr><td>2800 時間以上</td><td>4</td><td>0</td><td>0</td><td>0</td><td>0</td></tr>
<tr><td colspan="2">専門課程又は特定専門課程の高度職業訓練修了 ※4 ※9</td><td>3</td><td>1</td><td>2</td><td>0</td><td>0</td><td>0</td><td>0</td></tr>
<tr><td colspan="2">応用課程又は特定応用課程の高度職業訓練修了 ※9</td><td colspan="3">1</td><td>0</td><td>0</td><td>0</td><td>0</td></tr>
<tr><td colspan="2">指導員養成課程の指導員養成訓練修了 ※9</td><td colspan="3">1</td><td>0</td><td>0</td><td>0</td><td>0</td></tr>
<tr><td colspan="2">職業訓練指導員免許取得</td><td colspan="3">1</td><td>—</td><td>—</td><td>—</td><td>—</td><td>0</td></tr>
<tr><td colspan="2">高度養成課程の指導員養成訓練修了 ※9</td><td colspan="3">0</td><td>0</td><td>0</td><td>0</td><td>0</td><td>0</td></tr>
</table>

※ 1：検定職種に関する学科、訓練科又は免許職種に限る。

※ 2：学校教育法による大学、短期大学又は高等学校と同等以上と認められる外国の学校又は他法令学校を卒業した者並びに独立行政法人大学改革支援・学位授与機構により学士の学位を授与された者は学校教育法に基づくそれぞれのものに準ずる。

※ 3：大学入学資格付与課程、大学編入資格付与課程及び大学院入学資格付与課程の専修学校を除く。

※ 4：職業訓練法の一部を改正する法律（昭和 53 年法律第 40 号）の施行前に、改正前の職業訓練法に基づく高等訓練課程又は特別高等訓練課程の養成訓練を修了した者は、それぞれ改正後の職業能力開発促進法に基づく普通課程の普通職業訓練又は専門課程の高度職業訓練を修了したものとみなす。また、職業能力開発促進法の一部を改正する法律（平成４年法律第 67 号）の施行前に、改正前の職業能力開発促進法に基づく専門課程の養成訓練を修了した者は、専門課程の高度職業訓練を修了したものとみなし、改正前の職業能力開発促進法に基づく普通課程の養成訓練又は職業転換課程の能力再開発訓練（いずれも 800 時間以上のものに限る。）を修了した者はそれぞれ改正後の職業能力開発促進法に基づく普通課程又は短期課程の普通職業訓練を修了したものとみなす。

※ 5：総訓練時間が 700 時間未満のものを含む。

※ 6：３級（前期又は後期の期間にかかわらず随時実施するものは除く。）の技能検定については、上記のほか、検定職種に関する学科に在学する者及び検定職種に関する訓練科において職業訓練を受けている者等も受検できる。また、工業高等学校に在学する者等であって、かつ、工業高等学校の教員等による検定職種に係る講習を受講し、当該講習の責任者から技能検定試験受検に際して安全衛生上の問題等がないと判定されたものも受検できる。また、基礎級の技能検定については技能実習生のみが、３級（前期又は後期の期間にかかわらず随時実施するものに限る。）は基礎級（旧基礎１級及び基礎２級を含む）に合格した者のみが、２級（前期又は後期の期間にかかわらず随時実施するものに限る。）は基礎級（旧基礎１級及び基礎２級を含む）及び当該検定職種に係る３級の実技試験に合格した者のみが、受検できる。

※ 7：検定職種に関し実務の経験を有する者について、受検資格を認めることとする。

※ 8：当該学校が厚生労働大臣の指定を受けたものであるか否かに関わらず、受検資格を付与する。

※ 9：職業能力開発促進法第 92 条に規定する職業訓練又は指導員訓練に準ずる訓練の修了者においても、修了した職業訓練又は指導員訓練の訓練課程に応じ、受検資格を付与する。

別表２

都道府県及び中央職業能力開発協会所在地一覧

（令和５年４月現在）

協会名	郵便番号	所在地	電話番号
北海道職業能力開発協会	003-0005	札幌市白石区東札幌５条 1-1-2　北海道立職業能力開発支援センター内	011-825-2386
青森県職業能力開発協会	030-0122	青森市大字野尻字今田 43-1　青森県立青森高等技術専門校内	017-738-5561
岩手県職業能力開発協会	028-3615	紫波郡矢巾町大字南矢幅 10-3-1　岩手県立産業技術短期大学校内	019-613-4620
宮城県職業能力開発協会	981-0916	仙台市青葉区青葉町 16-1	022-271-9917
秋田県職業能力開発協会	010-1601	秋田市向浜 1-2-1　秋田県職業訓練センター内	018-862-3510
山形県職業能力開発協会	990-2473	山形市松栄 2-2-1	023-644-8562
福島県職業能力開発協会	960-8043	福島市中町 8-2　福島県自治会館５階	024-525-8681
茨城県職業能力開発協会	310-0005	水戸市水府町 864-4　茨城県職業人材育成センター内	029-221-8647
栃木県職業能力開発協会	320-0032	宇都宮市昭和 1-3-10　栃木県庁舎西別館	028-643-7002
群馬県職業能力開発協会	372-0801	伊勢崎市宮子町 1211-1	0270-23-7761
埼玉県職業能力開発協会	330-0074	さいたま市浦和区北浦和 5-6-5　埼玉県浦和合同庁舎５階	048-829-2802
千葉県職業能力開発協会	261-0026	千葉市美浜区幕張西 4-1-10	043-296-1150
東京都職業能力開発協会	101-8527	千代田区内神田 1-1-5　東京都産業労働局神田庁舎５階	03-6631-6052
神奈川県職業能力開発協会	231-0026	横浜市中区寿町 1-4　かながわ労働プラザ６階	045-633-5419
新潟県職業能力開発協会	950-0965	新潟市中央区新光町 15-2　新潟県公社総合ビル４階	025-283-2155
富山県職業能力開発協会	930-0094	富山市安住町 7-18　安住町第一生命ビル２階	076-432-9887
石川県職業能力開発協会	920-0862	金沢市芳斉 1-15-15　石川県職業能力開発プラザ３階	076-262-9020
福井県職業能力開発協会	910-0003	福井市松本 3-16-10　福井県職員会館ビル４階	0776-27-6360
山梨県職業能力開発協会	400-0055	甲府市大津町 2130-2	055-243-4916
長野県職業能力開発協会	380-0836	長野市大字南長野南県町 688-2　長野県婦人会館３階	026-234-9050
岐阜県職業能力開発協会	509-0109	各務原市テクノプラザ 1-18　岐阜県人材開発支援センター内	058-260-8686
静岡県職業能力開発協会	424-0881	静岡市清水区楠 160	054-345-9377
愛知県職業能力開発協会	451-0035	名古屋市西区浅間 2-3-14　愛知県職業訓練会館内	052-524-2034
三重県職業能力開発協会	514-0004	津市栄町 1-954　三重県栄町庁舎４階	059-228-2732
滋賀県職業能力開発協会	520-0865	大津市南郷 5-2-14	077-533-0850
京都府職業能力開発協会	612-8416	京都市伏見区竹田流池町 121-3　京都府立京都高等技術専門校２階	075-642-5075
大阪府職業能力開発協会	550-0011	大阪市西区阿波座 2-1-1　大阪本町西第一ビルディング６階	06-6534-7510
兵庫県職業能力開発協会	650-0011	神戸市中央区下山手通 6-3-30　兵庫勤労福祉センター１階	078-371-2091
奈良県職業能力開発協会	630-8213	奈良市登大路町 38-1　奈良県中小企業会館２階	0742-24-4127
和歌山県職業能力開発協会	640-8272	和歌山市砂山南 3-3-38　和歌山技能センター内	073-425-4555
鳥取県職業能力開発協会	680-0845	鳥取市富安 2-159　久本ビル５階	0857-22-3494
島根県職業能力開発協会	690-0048	松江市西嫁島 1-4-5　SP ビル２階	0852-23-1755
岡山県職業能力開発協会	700-0824	岡山市北区内山下 2-3-10　アマノビル３階	086-225-1547
広島県職業能力開発協会	730-0052	広島市中区千田町 3-7-47　広島県情報プラザ５階	082-245-4020
山口県職業能力開発協会	753-0051	山口市旭通り 2-9-19　山口建設ビル３階	083-922-8646
徳島県職業能力開発協会	770-8006	徳島市新浜町 1-1-7	088-663-2316
香川県職業能力開発協会	761-8031	高松市郷東町 587-1　地域職業訓練センター内	087-882-2854
愛媛県職業能力開発協会	791-8057	松山市大可賀 2-1-28　アイテムえひめ内	089-993-7301
高知県職業能力開発協会	781-5101	高知市布師田 3992-4	088-846-2300
福岡県職業能力開発協会	813-0044	福岡市東区千早 5-3-1　福岡人材開発センター２階	092-671-1238
佐賀県職業能力開発協会	840-0814	佐賀市成章町 1-15	0952-24-6408
長崎県職業能力開発協会	851-2127	西彼杵郡長与町高田郷 547-21	095-894-9971
熊本県職業能力開発協会	861-2202	上益城郡益城町田原 2081-10　電子応用機械技術研究所内	096-285-5818
大分県職業能力開発協会	870-1141	大分市大字下宗方字古川 1035-1　大分職業訓練センター内	097-542-3651
宮崎県職業能力開発協会	889-2155	宮崎市学園木花台西 2-4-3	0985-58-1570
鹿児島県職業能力開発協会	892-0836	鹿児島市錦江町 9-14	099-226-3240
沖縄県職業能力開発協会	900-0036	那覇市西 3-14-1	098-862-4278
中央職業能力開発協会	160-8327	新宿区西新宿 7-5-25　西新宿プライムスクエア 11 階	03-6758-2859

空気圧装置組立て

実技試験問題

令和4年度 技能検定
2級 空気圧装置組立て（空気圧装置組立て作業）
実技試験問題概要

実技試験は、次に示す判断等試験及び計画立案等作業試験により行う。

1 判断等試験

1−1 試験実施日

令和5年1月15日(日)に全国一斉に行うものとする。

1−2 試験時間

問題ごとの試験時間は、次表のとおりである。

問題番号	1	2	3	4	5	6	7	8	9	合計
試験時間	5分	5分	5分	5分	5分	5分	5分	5分	5分	45分

1−3 問題の概要

問題	概　　要
問題 1	検出器(センサ)の判定
問題 2	電磁弁の判定
問題 3	空気圧機器の判定
問題 4	空気圧シリンダの速度制御方法の判定
問題 5	配管作業の判定
問題 6	空気タンク接続の判定
問題 7	シールテープの使い方の判定
問題 8	空気圧調整ユニットの判定
問題 9	回路計(テスタ)の使い方の判定

1−4 持参用具等

品　名	寸法又は規格	数　量	備　考
筆記用具	鉛筆、消しゴム等	一式	

2　計画立案等作業試験

2－1　試験実施日

令和5年1月15日(日)に全国一斉に行うものとする。

2－2　試験時間

2時間

2－3　問題の概要

簡単な空気圧回路図の読図、装置の調整及び保守点検方法、空気圧装置に関する計算等について行う。

2－4　持参用具等

品　名	寸法又は規格	数　量	備　考
筆記用具	鉛筆、消しゴム等	一式	
電子式卓上計算機	電池式(太陽電池含む)	1	関数電卓可(ただし、プログラム機能付きのものは不可)

3　注意事項

(1)　判断等試験問題は、試験当日配付され、当日回収される。

(2)　使用用具等は、指定したもの以外のものは使用しないこと。

(3)　試験中は、用具等の貸し借りを禁止する。

(4)　**この問題概要に書き込みしたものを持ち込まないこと。また試験中に他の用紙にメモしたものや参考書等を参照することは禁止とする。**

(5)　試験中は、携帯電話、スマートフォン、ウェアラブル端末等の使用(電卓機能の使用を含む)を禁止とする。

令和4年度 技能検定
2級 空気圧装置組立て（空気圧装置組立て作業）
実技試験（計画立案等作業試験）問題

1 試験時間

2時間

2 注意事項

（1） 係員の指示があるまで、この表紙はあけないでください。
（2） 解答用紙に、受検番号及び氏名を必ず記入してください。
（3） 係員の指示に従って、この試験問題が表紙を含めて8ページであることを確認してください。 それらに異常がある場合は、黙って手を挙げてください。
（4） 試験開始の合図で始めてください。
（5） 解答は、解答用紙の解答欄へ記入してください。
なお、要求している解答以外は記入しないでください。
（6） 試験中、携帯電話、スマートフォン、ウェアラブル端末等の使用(電卓機能の使用を含む。)を禁止とします。
（7） 試験中、質問があるときは、黙って手を挙げてください。ただし、試験問題の内容、漢字の読み方等に関する質問にはお答えできません。
（8） 試験終了時刻前に解答ができあがった場合は、黙って手を挙げて、係員の指示に従ってください。
（9） 試験中に手洗いに立ちたいときは、黙って手を挙げて、係員の指示に従ってください。
(10) 試験終了の合図があったら、筆記用具を置き、係員の指示に従ってください。
(11) 試験終了後、解答用紙を提出してください。
(12) 計算等は、問題用紙の余白又は裏面を使用して行ってください。

3 試験に使用できる用具等一覧

品　　名	寸法又は規格	数量	備　　考
筆記用具	鉛筆、消しゴム等	一式	
電子式卓上計算機	電池式(太陽電池式含む)	1	関数電卓可(ただし、プログラム機能付きのものは不可)

問題1

下図の［空気圧回路図］は、押しボタン式切換弁Pによってシリンダ A を前進させ、その作動検知によってシリンダ B を前進させた後、シリンダ A 及びシリンダ B を後退させる空気圧装置である。

図中の①～⑥に当てはまる機器として最も適切なものを、次ページの［図記号群］からそれぞれ一つずつ選び、解答欄に記号で答えなさい。

なお、S は空気圧センサを表している。

［空気圧回路図］

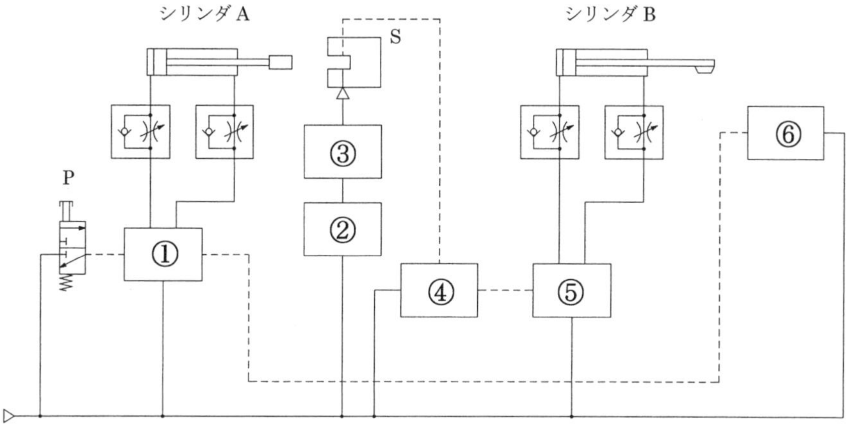

[図記号群]

記号	図記号	記号	図記号
ア	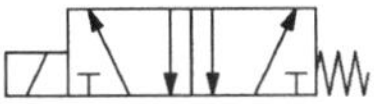	サ	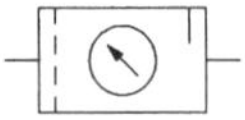
イ	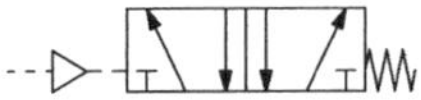	シ	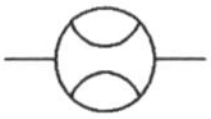
ウ	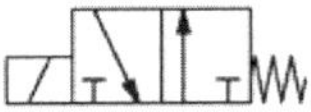	ス	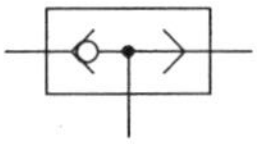
エ	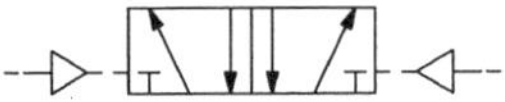	セ	
オ		ソ	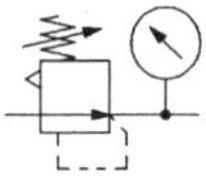
カ	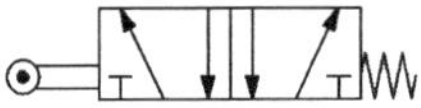	タ	
キ	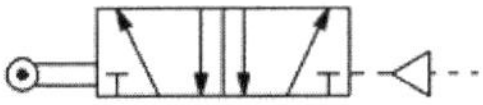	チ	
ク		ツ	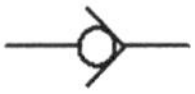
ケ		テ	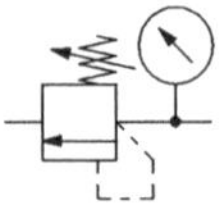
コ	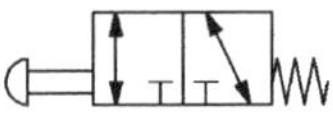	ト	

問題2

空気圧シリンダに関する次の各設問に答えなさい。ただし、円周率(π)= 3.14、標準大気圧= 0.1 MPaとする。

設問 1　シリンダ力(理論出力)1500N を得たい場合、空気圧シリンダの内径が 63mm 及び 80mm のときのそれぞれの供給圧力[MPa]を求めなさい。ただし、計算に当たっては、計算途中における数値の切捨て切上げ及び四捨五入は行わず、最終計算値の小数第 3 位を四捨五入し、小数第 2 位までの値で答えること。

設問 2　シリンダストロークが 700mm で、ピストンロッド径については、「内径 63mm のシリンダは 20mm」、「内径 80mm のシリンダは 25mm」とする場合、それぞれの一往復当たりの空気消費量[dm^3(ANR)]を求めなさい。ただし、供給圧力は設問 1 で求めたそれぞれの内径の解答値を使用し、計算途中における数値の切捨て切上げ及び四捨五入は行わず、最終計算値の小数第 2 位を四捨五入し、小数第 1 位までの値で答えること。

問題3

下図は、空気圧シリンダを用いた[搬送装置]を示している。この[搬送装置]に関する次の文中の(　①　)～(　⑨　)内に当てはまる語句として最も適切なものを、下記の［語群］からそれぞれ一つずつ選び、解答欄に記号で答えなさい。

[搬送装置]

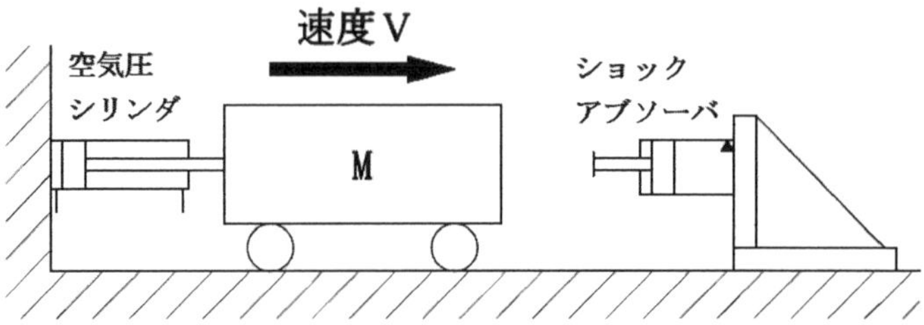

空気圧シリンダを使った搬送装置を製作する場合、次の事項に注意する必要がある。

使用する空気圧機器は、搬送物の(　①　)、ガイド機構の有無、移動速度等を把握して適切な機種を選定する。搬送物の動き出しを速くしたい場合、空気圧シリンダの選定は、(　②　)が(　③　)サイズのものとし、(　④　)を小さめに設定する。搬送物の停止時の衝撃による装置の破損を防ぐためは、空気圧シリンダの(　⑤　)を活用したり、外部にショックアブソーバを設置するなどの衝撃対策が必要である。

ショックアブソーバの選定には、搬送物の(　①　)と(　⑥　)の速度から搬送物の(　⑦　)を計算し、また、空気圧シリンダが加える(　⑧　)を合わせた(　⑨　)を計算して、適切なサイズにする。

[語群]

記号	語句	記号	語句	記号	語句
ア	運動エネルギー	キ	材質	ス	位置検出
イ	推力エネルギー	ク	負荷率	セ	クッション機構
ウ	総エネルギー	ケ	ピストンロッド径	ソ	動き出し
エ	位置エネルギー	コ	ストローク	タ	衝突直前
オ	大きい	サ	内径		
カ	小さい	シ	質量		

問題4

パッキンに関する次の文中の(　①　)～(　⑩　)内に当てはまる語句として最も適切なものを、下記の［語群］からそれぞれ一つずつ選び、解答欄に記号で答えなさい。

運動用の成形パッキンとしては、流体圧の増加に伴って接触圧が増加する特性のあるセルフシールパッキンが使用されている。セルフシールパッキンは、大きく(　①　)と(　②　)に分類される。

(　①　)の代表的なものとして(　③　)がある。(　③　)は、通常 **5%**から **25%**程度の適切なつぶし代を与えて圧縮することによってシールさせる。

なお、そのパッキンの形状から、(　④　)の圧力をシールするという特徴があり、複動シリンダのピストンパッキンに使用する場合は、一つ使用するだけで済む。一方、欠点として(　⑤　)が大きく、長期に休止すると(　⑥　)することもある。また、固定用のパッキンとしても多用される。

(　②　)の代表的なものとして(　⑦　)がある。比較的(　⑤　)が小さいと言われ、主に運動用に用いられる。そのパッキンの形状から、(　⑧　)の圧力をシールするのが原則であり、複動シリンダのピストンパッキンとして利用する場合は、二つ組み合わせて使用する。

これらのパッキンを低速で動作させると、望ましくない間欠動作である(　⑨　)を引き起こすことがあるので注意を要する。また、高圧になると変形して隙間からはみ出すことがあり、それを防ぐために、シール溝の中に補助部品として(　⑩　)を併用することもある。

［語群］

記号	語句	記号	語句	記号	語句
ア	径方向	ク	グランドパッキン	ソ	スクィーズパッキン
イ	円周方向	ケ	接触形シール	タ	リップパッキン
ウ	バックアップリング	コ	Oリング	チ	非接触形シール
エ	スティックスリップ	サ	粘着	ツ	ウェアリング
オ	Uパッキン	シ	ゴム硬度	テ	ドリフト
カ	始動摩擦	ス	ピストンリング	ト	両方向
キ	摩耗	セ	片方向		

問題5

空気圧シリンダに関する次の文中の(　①　)～(　⑤　)内に当てはまる語句として最も適切なものを、下記の［語群］からそれぞれ一つずつ選び、解答欄に記号で答えなさい。

・空気圧シリンダのパッキン材質には、一般的に(　①　)ゴムが使用されている。また、ルブリケータにおいて潤滑を行う場合は、(　②　)油を使用しないと、パッキンの劣化や膨潤の原因となる。

・空気圧シリンダを取り付けるときは、ピストンロッドと負荷の芯出しを行う。芯出し確認は、低圧作動による確認又は手動による確認が望ましい。負荷を揺動させる場合は、クレビス形式、(　③　)形式の支持形式を採用する。ストロークが長い場合は、(　④　)の座屈強度からストロークの使用可能限界の確認を要する。

・空気圧シリンダの速度制御は、速度制御弁を(　⑤　)回路で使用するのが一般的である。

［語群］

記号	語句	記号	語句
ア	トラニオン	ケ	フート
イ	タイロッド	コ	ピストン
ウ	フランジ	サ	メータアウト
エ	スピンドル	シ	タービン
オ	メータイン	ス	マシン
カ	パイロット	セ	ニトリル
キ	シリコーン	ソ	ピストンロッド
ク	ふっ素		

問題6

下記の①～⑥について、シリンダのブシュが偏摩耗するときの一般的な原因として考えられるものには○を、そうでないものには×を解答欄に記入しなさい。

①	負荷率が高い。
②	ピストンロッドに規定以上の横荷重が掛かっている。
③	ストロークの途中でロッドが回転させられる。
④	速度が20 mm／s と遅い。
⑤	ルブリケータの滴下量が少ない。
⑥	負荷の移動方向とシリンダの軸心の方向とが一致していない。

令和3年度 技能検定
2級 空気圧装置組立て（空気圧装置組立て作業）
実技試験（計画立案等作業試験）問題

1 試験時間

2時間

2 注意事項

（1） 係員の指示があるまで、この表紙はあけないでください。
（2） 解答用紙に、受検番号及び氏名を必ず記入してください。
（3） 係員の指示に従って、この試験問題が表紙を含めて7ページであることを確認してください。それらに異常がある場合は、黙って手を挙げてください。
（4） 試験開始の合図で始めてください。
（5） 解答は、解答用紙の解答欄へ記入してください。
なお、要求している解答以外は記入しないでください。
（6） 試験中、携帯電話、スマートフォン、ウェアラブル端末等の使用(電卓機能の使用を含む)を禁止とします。
（7） 試験中、質問があるときは、黙って手を挙げてください。ただし、試験問題の内容、漢字の読み方等に関する質問にはお答えできません。
（8） 試験終了時刻前に解答ができあがった場合は、黙って手を挙げて、係員の指示に従ってください。
（9） 試験中に手洗いに立ちたいときは、黙って手を挙げて、係員の指示に従ってください。
(10) 試験終了の合図があったら、筆記用具を置き、係員の指示に従ってください。
(11) 試験終了後、解答用紙を提出してください。
(12) 計算等は、問題用紙の余白又は裏面を使用して行ってください。

3 試験に使用できる用具等一覧

品　　名	寸法又は規格	数量	備　　考
筆記用具	鉛筆、消しゴム等	一式	
電子式卓上計算機	電池式(太陽電池式含む)	1	関数電卓可(ただし、プログラム機能付きのものは不可)

問題1

以下の①～⑩の文章それぞれについて、下図に示した［空気圧回路図］による装置の動作や特徴として、正しいものには○、誤っているものには×を解答欄に記入しなさい。ただし、リミットバルブ LV は、シリンダのピストンロッドが前進端にあるときに押される位置に設置されている。

① スタートボタンを押すと、シリンダは、一往復して停止する。

② この空気圧回路では、スタートボタンを離すとその位置からロッドは復帰動作を始めるので、シリンダが LV を押すまでスタートボタンを押し続ける必要がある。

③ この空気圧回路では、タイマ回路が入っているため、ロッドの前進中にスタートボタンを離しても、タイマ設定時間だけ前進動作を継続する。

④ シリンダを、ストロークの中間で停止させることができる。

⑤ シリンダが LV を押した状態で復帰ボタンを押しても、ロッドは後退動作しない。

⑥ シリンダが前進端で LV を押した後、ロッドが後退動作中にスタートボタンを押しても、タイマが働いているため前進動作を開始することはない。

⑦ シャトル弁は、回路の動作を安定させるために取り付けられており、取り外しても同様の動きを得ることができる。

⑧ 速度制御弁の絞りの状態を調整すると、前進端でのロッドの停止時間を可変できる。

⑨ 速度制御弁の絞り状態を変えずに、空気タンクの容量のみ大きくすると、前進端でのロッドの停止時間は長くなる。

⑩ 速度制御弁の向きを逆に取り付けると、前進端でのロッドの停止時間は長くなる。

［空気圧回路図］

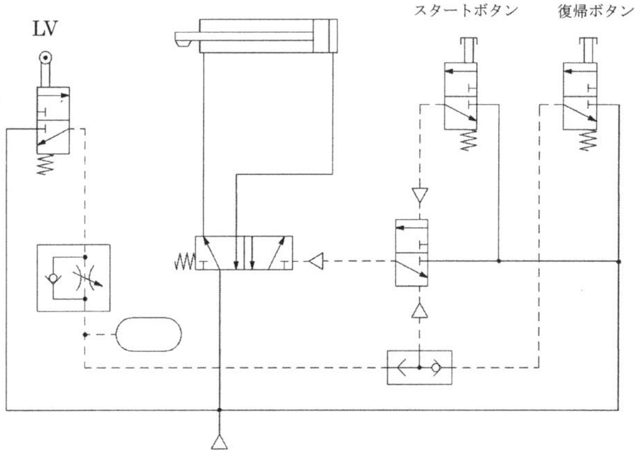

問題2

空気圧シリンダに関する次の文中の(①)~(⑤)に当てはまる語句又は、最も近い数値を［語群］から一つずつ選び、解答欄に記号で答えなさい。ただし、円周率= 3.14、大気圧= 0.1 MPa(abs)とする。

シリンダ力(理論出力)990N を得たい。内径 63mm のロッドレスシリンダでは、供給圧力は(①)MPa となり、内径 80mm のロッドレスシリンダでは、供給圧力は(②)MPa となる。各々ストロークを 2000mm とすると空気消費量は、一往復当たり、内径 63mm のロッドレスシリンダでは(③)m^3(ANR)、内径 80mm のロッドレスシリンダでは(④)m^3(ANR)となる。この例では、高圧となるシリンダ方が空気消費量が(⑤)なっている。ただし、空気消費量に使用する供給圧力は、語群から選んだ数値とする。

［語群］

記号	語句・数値	記号	語句・数値	記号	語句・数値	記号	語句・数値	記号	語句・数値
ア	0.05	イ	0.06	ウ	0.07	エ	0.08	オ	0.10
カ	0.12	キ	0.18	ク	0.20	ケ	0.25	コ	0.30
サ	0.32	シ	0.40	ス	0.45	セ	少なく	ソ	多く

問題3

空気圧回路に関する次の文中の(　①　)～(　⑧　)に当てはまる最も適切な語句を、[語群]から一つずつ選び解答欄に記号で答えなさい。

使用する回路圧力の決定は、工場ラインの供給圧力の指定、選定可能な圧縮機の(　①　)範囲、アクチュエータの必要圧力などの条件で決まる。

また、空気圧源圧力と回路圧力との差は、圧縮機吐出圧力や配管の(　②　)、消費による変動、減圧弁の特性のような変動要因を見込んで設定する。

アクチュエータの選定に当たっては、(　③　)式及び(　④　)式があるので注意する必要がある。(　③　)式は給油管理が不要であり、排気の油汚染も少ないことから、現在ほとんどの空気圧機器は(　③　)式である。(　④　)式は大形の機器などに用いられているが、(　⑤　)から先の制御配管の容積が大きいと、供給空気とアクチュエータ内空気が置換されなくなるので、給油可能な(　⑥　)には限度がある。

シリンダのサイズの決定に当たっては理論出力に対する(　⑦　)の比、すなわち負荷率に注意する。例えば、0.5 MPa の使用圧力で駆動速度を 300～500 mm/s 程度にするには負荷率を 0.6 以下に設定するが、更に駆動速度を上げるには負荷率を(　⑧　)すればよい。

[語群]

記号	語句	記号	語句	記号	語句	記号	語句
ア	消費流量	イ	圧力降下	ウ	実負荷	エ	速度制御弁サイズ
オ	配管長さ	カ	耐圧力	キ	吐出圧力	ク	最低動作圧力
ケ	速度制御弁	コ	ルブリケータ	サ	長く	シ	短く
ス	大きく	セ	小さく	ソ	無給油	タ	給油
チ	固定						

問題4

空気圧装置の駆動機器に関する次の文中の(　①　)～(　⑤　)に当てはまる最も適切な語句を、[語群]から一つずつ選び、解答欄に記号で答えなさい。

装置組立において注意する点として、空気圧シリンダは負荷の運動方向とピストンロッドの軸芯を一致させないと、かじりやパッキン摩耗などを引き起こすおそれがある。この(　①　)を補正するためにピストンロッド先端に自由度のあるジョイントを介して負荷と接する方法も選択できる。

空気圧シリンダのピストン速度を 10mm/s 程度の速度で動かす場合、(　②　)が発生する可能性が高い。低速でスムーズな送り動作を行うためには、(　③　)を使用した回路にするとよい。逆に、シリンダのピストン速度を高速で動かす場合や(　④　)が高い場合は、空気圧シリンダに内蔵されたクッション機構ではエネルギーを吸収できないことがある。この場合は、(　⑤　)を取り付けて空気圧シリンダを保護しなければならない。

[語群]

記号	語句	記号	語句	記号	語句
ア	座屈	イ	芯ずれ	ウ	負荷率
エ	繰返し精度	オ	空油変換器	カ	緩衝器
キ	圧力損失	ク	スティックスリップ	ケ	バランス回路
コ	ヒステリシス	サ	ポジショナ	シ	オリフィス

問題5

下図Aは、あるリフター装置の空気圧回路図である。この装置において、リフター上限で電源が落ちると、電磁弁のリークによって、リフターが徐々に下降してくることが分かった。この不具合が発生しないリフター装置の空気圧回路図として最も適切なものを[空気圧回路図群]から一つ選び、解答欄に記号で答えなさい。

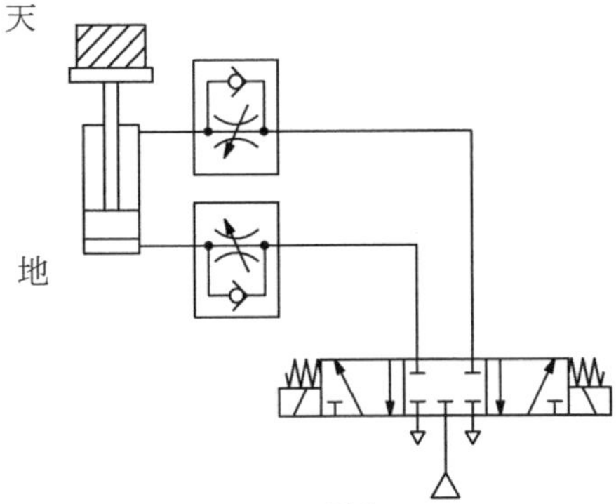

図A

[空気圧回路図群]

空気圧回路図	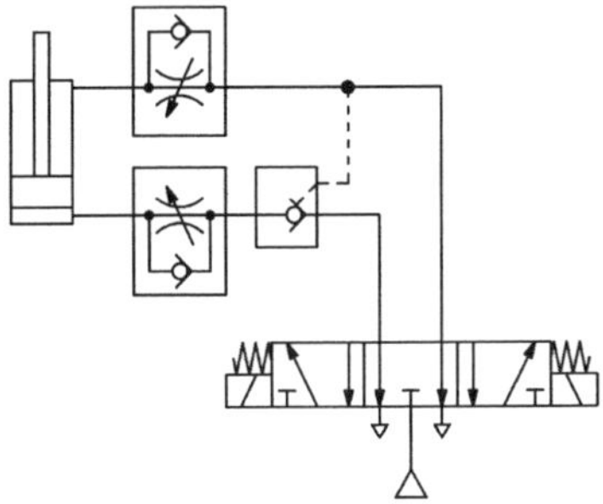	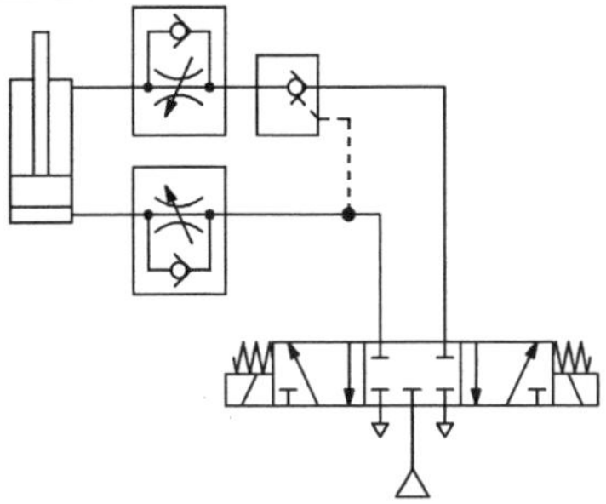
記号	ア	イ
空気圧回路図	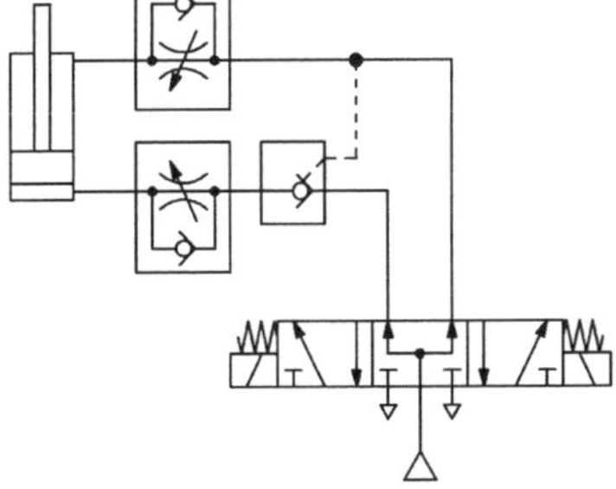	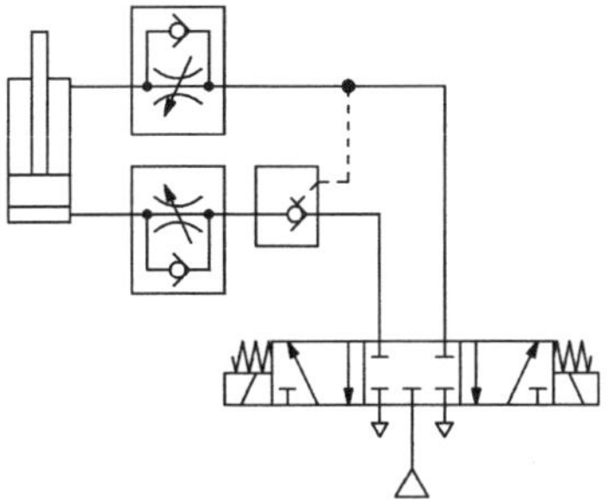
記号	ウ	エ

問題6

下図は、ある空気圧装置の回路図である。この回路図を基に次の各設問に答えなさい。

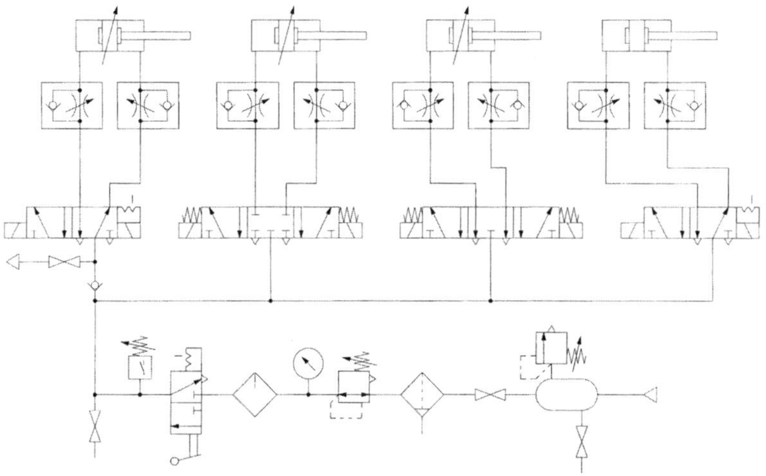

設問1　電磁弁の非通電と空気圧シリンダの作動停止を確認した後に、残圧を開放するため3ポート手動弁を操作して排気した。そのとき、圧力を内部に有する空気圧シリンダの本数として正しいものを一つ選び、解答欄に記号で答えなさい。

ア　0本
イ　1本
ウ　2本
エ　3本
オ　4本

設問2　全て残圧を開放し、電磁弁の非通電を確認した後、3ポート手動弁を操作し、圧力を供給した。そのとき、シリンダ内に圧力が供給される空気圧シリンダの本数として正しいものを一つ選び、解答欄に記号で答えなさい。

ア　0本
イ　1本
ウ　2本
エ　3本
オ　4本

設問3　この空気圧装置の日常の点検で行うべき事項として、最も適切なものを一つ選び、解答欄に記号で答えなさい。

ア　各空気圧シリンダのクッションと速度制御弁を調整する。
イ　配管を外してフラッシングをする。
ウ　ルブリケータの潤滑油が貯油量の上限近くにあるかどうか確認し、不足の場合は補給する。
エ　減圧弁の設定圧力を0にする。
オ　空気圧フィルタ及び配管路のドレン弁を開け、ドレンを排出する。
カ　空気漏れがないことを石けん水等で確認する。

令和2年度 技能検定
2級 空気圧装置組立て（空気圧装置組立て作業）
実技試験（計画立案等作業試験）問題

1 試験時間

2時間

2 注意事項

(1) 係員の指示があるまで、この表紙はあけないでください。
(2) 解答用紙に、受検番号及び氏名を必ず記入してください。
(3) 係員の指示に従って、この試験問題が表紙を含めて9ページであることを確認してください。それらに異常がある場合は、黙って手を挙げてください。
(4) 試験開始の合図で始めてください。
(5) 解答は、解答用紙の解答欄へ記入してください。
なお、要求している解答以外は記入しないでください。
(6) 試験中、携帯電話、スマートフォン、ウェアラブル端末等の使用(電卓機能の使用を含む)を禁止とします。
(7) 試験中、質問があるときは、黙って手を挙げてください。ただし、試験問題の内容、漢字の読み方等に関する質問にはお答えできません。
(8) 試験終了時刻前に解答ができあがった場合は、黙って手を挙げて、係員の指示に従ってください。
(9) 試験中に手洗いに立ちたいときは、黙って手を挙げて、係員の指示に従ってください。
(10) 試験終了の合図があったら、筆記用具を置き、係員の指示に従ってください。
(11) 試験終了後、解答用紙を提出してください。
(12) 計算等は、問題用紙の余白又は裏面を使用して行ってください。

3 試験に使用できる用具等一覧

品　　名	寸法又は規格	数量	備　　考
筆記用具	鉛筆、消しゴム等	一式	
電子式卓上計算機	電池式(太陽電池式含む)	1	関数電卓可(ただし、プログラム機能付きのものは不可)

問題1

図 1 の空気圧回路図は、押しボタン式切換弁のスタート信号によりスタートし、シリンダ(Ⅰ)・シリンダ(Ⅱ)が図 2 のタイムチャートに示すシーケンス動作を 1 サイクル動作した後停止するものである。

なお、この回路は、シリンダ(Ⅰ)・シリンダ(Ⅱ)のシリンダロッド前進端及び後退端に設けられたリミットバルブの信号により、次のステップに進むシーケンス動作を行わせている。

また、この回路は、シリンダ(Ⅰ)・シリンダ(Ⅱ)ともに、シリンダロッドが動作の原点である後退端になければシリンダ(Ⅰ)がスタートしないインターロック回路になっている。

これらを基にして次の各設問に答えなさい。

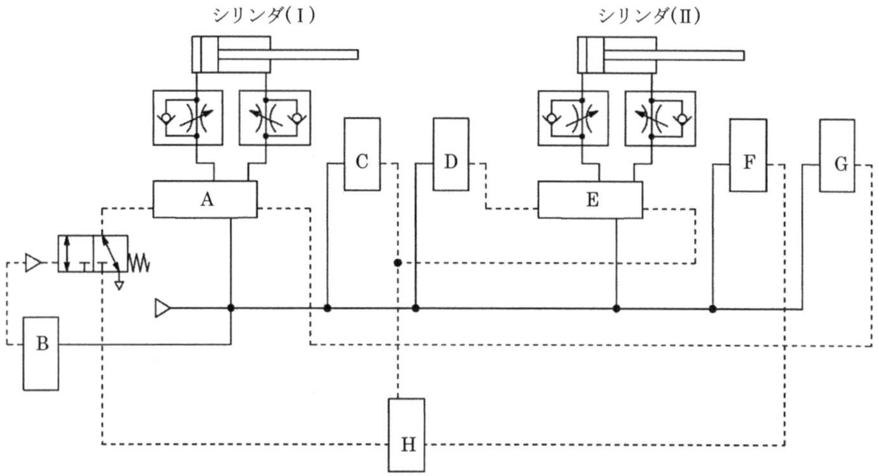

図 1　空気圧回路図

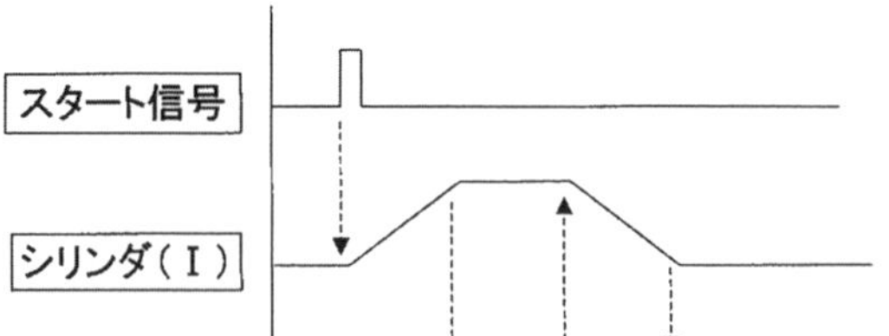

図 2　タイムチャート

設問 1　この動作を実現するために図 1 の空気圧回路図中のA～H に当てはまる機器として最も適切なものを、［図記号群］から一つずつ選び、解答欄に記号で答えなさい。ただし、同一記号を重複して使用してもよい。

設問 2　図 1 の空気圧回路は 1 サイクル動作で停止するが、これを連続動作するように変更する。ただし、図 1 の空気圧回路図中の配管はそのままとし、回路図中の A～H のうちの一つを［図記号群］の中にある一つのバルブに交換して連続動作を可能とするものとする。次の各問に答えなさい。

問1　交換するバルブとして適切なものを図 1 中のA～H から一つ選び、解答欄に記号で答えなさい。

問 2　新たに交換するバルブとして適切なものを［図記号群］から一つ選び、解答欄に記号で答えなさい。

［図記号群］

記号	図記号	記号	図記号	記号	図記号
ア	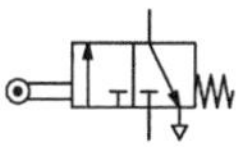	イ	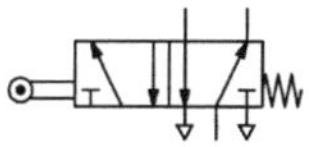	ウ	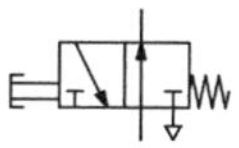
エ	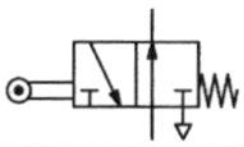	オ	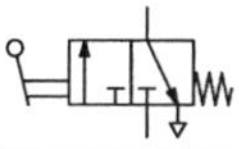	カ	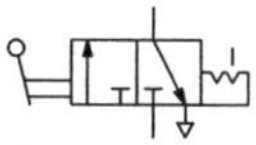
キ	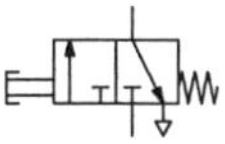	ク	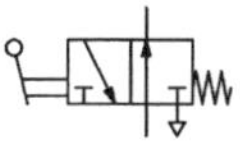	ケ	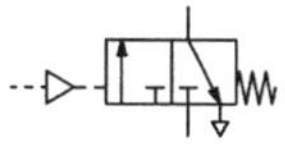
コ	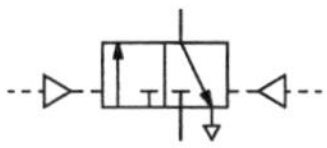	サ	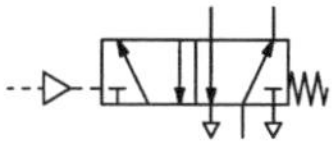	シ	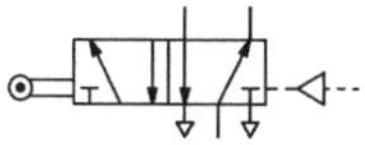
ス	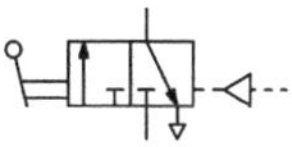	セ	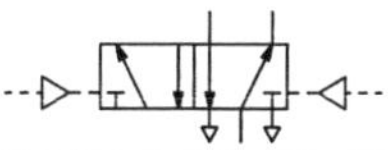	ソ	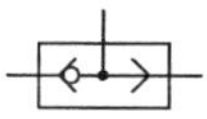

問題2

下図の[空気圧回路図]は、負荷の上昇、下降用に複動形空気圧シリンダを用い、このシリンダの中間停止時に負荷が動かないように、押さえとして単動形空気圧シリンダを用いた装置である。この装置に関する次の各設問に答えなさい。ただし、以下の[条件]で装置を考えているものとする。

[空気圧回路図]

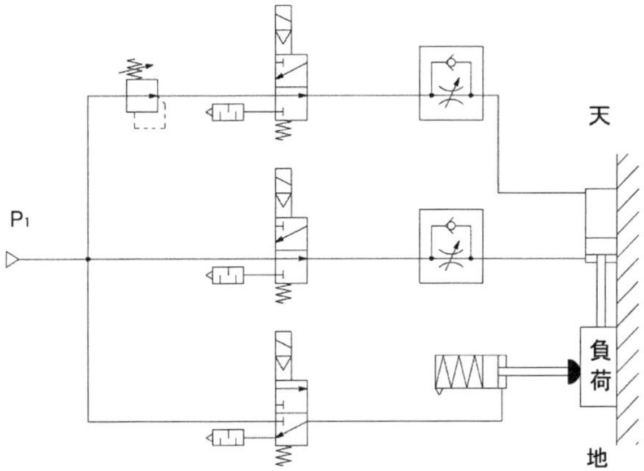

[条件]
負荷質量：60kg
使用圧力 P_1：0.5MPa G
重力加速度：9.8m/s^2
円周率：3.14

設問1　負荷質量に対して、上昇方向のシリンダ力が2倍以上になるために必要な最小のシリンダチューブ内径とピストンロッド径の組合せとして最も適切なものを、次の表の選択記号のA～Gから一つ選び、解答欄に記号で答えなさい。

(単位：mm)

選択記号 / 組合せ	A	B	C	D	E	F	G
シリンダチューブ内径	32	40	50	63	80	100	125
ピストンロッド径	12	16	20	20	25	30	30

設問2　設問1の正解の組合せのシリンダでは装置が大きくなるため、設問1の表中における正解より一つ下の組合せのシリンダに変更して小型化することにした。このとき、負荷質量に対して上昇方向のシリンダ力が2倍となる圧力 P_1[MPa G]を求め、解答欄に答えなさい。

なお、計算に当たっては、計算途中における数値の切捨て、切上げ及び四捨五入は行わず、最終計算値の小数第3位を四捨五入して、小数第2位までの数値で答えなさい。

設問３　単動形空気圧シリンダのスプリング反力は、ピストンロッド押出状態で 1400N、ピストンロッド引込状態で 1600N である。設定圧力 P_1 を設問２で求めた正解値としたとき、ピストンロッド引込方向のシリンダ力が 200N 以上になるために必要な最小のシリンダチューブ内径とピストンロッド径の組合せとして最も適切なものを次の表の選択記号のア〜キから一つ選び、解答欄に記号で答えなさい。

（単位：mm）

組合せ＼選択記号	ア	イ	ウ	エ	オ	カ	キ
シリンダチューブ内径	50	63	80	100	125	160	200
ピストンロッド径	20	20	25	30	30	40	50

問題3

下図は、部品(A)に部品(B)を圧入する空気圧プレス装置の［空気圧回路図］である。この回路について、次の文中の(　①　)～(　⑩　)に当てはまる語句として最も適切なものを［語群］から一つずつ選び、解答欄に記号で答えなさい。ただし、同一記号を重複して使用しないこと。

［空気圧回路図］

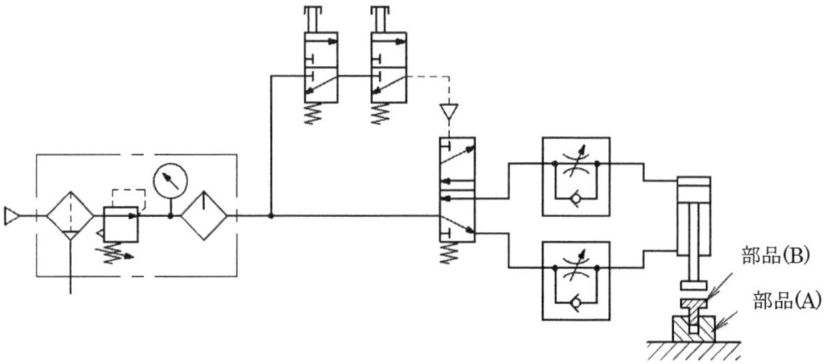

この空気圧プレス装置を作動させる空気圧システムを組み立てる場合、次の事項に注意する必要がある。

・機器は、空気圧源側から順次取り付け、配管を行っていき、その都度(　①　)をするのが望ましい。したがって、(　②　)には、装置組立て完了後に(　③　)を入れる。

・(　④　)及びルブリケータは、必ず(　⑤　)を下にして垂直に取り付けなければならない。

・(　⑥　)は、できるだけシリンダの近くに取り付けることによって(　⑦　)が容易になる。

・この装置では、5ポート切換弁操作用として手動切換弁を2個(　⑧　)に使用しており、これは(　⑨　)のためである。日本産業規格(JIS)によれば、片手の使用による機能不良を防止するための適切な方策の例として、手動切換弁は、少なくとも(　⑩　)(機器の内寸法)分離して設置するとされている。

［語群］

記号	語句	記号	語句	記号	語句	記号	語句
ア	圧力調整弁	イ	速度調整	ウ	650mm	エ	260mm
オ	直列	カ	並列	キ	生産性向上	ク	両手操作
ケ	フラッシング	コ	潤滑油	サ	空気	シ	シリンダ
ス	空気圧フィルタ	セ	ルブリケータ	ソ	ケース	タ	減圧弁
チ	速度制御弁						

問題4

文中の(　①　)～(　⑩　)に当てはまる語句として最も適切なものを、［語群］から一つずつ選び、解答欄に記号で答えなさい。

水平に取り付けた複動シリンダの中間停止回路で、(　①　)の5ポート3位置切換弁を使用したとき、切換弁を(　②　)にし、入口ポートから(　③　)に圧縮空気を流すとともに、両排気ポートを(　④　)、シリンダの中間停止をする。この(　①　)を使用した回路では、(　⑤　)の5ポート3位置切換弁を使用したときのような、中間位置から再起動したときの(　⑥　)は発生しない。また、(　①　)は中間停止時にシリンダの(　⑦　)をとらないとシリンダが動くため、(　⑧　)を使用する必要がある。これはピストンの両側面に(　⑨　)があるからで、(　⑩　)シリンダのときは、このような心配がない。

［語群］

記号	語句	記号	語句	記号	語句
ア	プレッシャセンタ形	イ	クローズドセンタ形	ウ	エキゾーストセンタ形
エ	パイロットポート	オ	開き	カ	両出口ポート
キ	ノーマルオープン	ク	閉じ	ケ	排気絞り
コ	飛び出し現象	サ	中間位置	シ	サージ圧
ス	逆流機能付減圧弁	セ	出力バランス	ソ	エア抜き
タ	圧力降下	チ	受圧面積差	ツ	急速排気弁
テ	片ロッド	ト	両ロッド	ナ	クッション付

問題5

文中の(　①　)~(　⑤　)に当てはまる語句として最も適切なものを［語群］から一つずつ選び、解答欄に記号で答えなさい。ただし、同じ記号は重複して使用しないこと。

空気は、圧力によって体積が変化するため、シリンダの正確な速度制御が難しい。(　①　)では(　②　)を絞っているので、供給圧力が一定の場合、負荷の変動でピストンの速度が上がれば背圧が(　③　)なって速度を押さえる力が働き、ピストンの速度が下がれば背圧が(　④　)なって速度を(　⑤　)力が働くため、シリンダ速度は一定になろうとする。

［語群］

記号	語句	記号	語句	記号	語句	記号	語句
ア	メータアウト回路	イ	フィードバック回路	ウ	メータイン回路	エ	一定に
オ	下げる	カ	上げる	キ	低く	ク	高く
ケ	排気	コ	給気				

問題6

次の各設問に答えなさい。

設問 1　下記の空気圧機器に関する［不具合対策］のⓐ～ⓓに当てはまる機器として最も適切なものを、［システム図］に示す 1 ～ 10 から一つずつ選び解答欄に番号で答えなさい。ただし、同じ番号は重複して使用しないこと。

［不具合対策］

ⓐ　通電しても動作しないときには定格電圧が加えられていないことも考えられるので、電圧を確認する。シール部の破損により排気ポートからエア漏れがある場合は、分解清掃しシールの交換を行う。

ⓑ　ストロークエンド端まで動作しないときにはクッションの動作を確認する。クッションニードルを調整しても動作に変化が見られない場合は、異物の混入が考えられるため、分解して異物除去を行う。

ⓒ　排気流量が低下してきたときには目詰まりを確認し、目詰まりしている場合には、洗浄又は交換を行う。

ⓓ　エレメントの目詰まりやドレンが溜まっていると圧力低下が発生するので、その場合は、エレメントの交換やドレンの排出を行う必要がある。

［システム図］

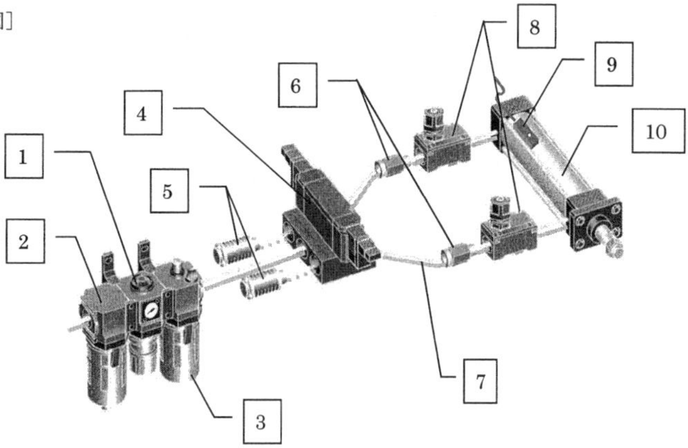

設問 2　設問 1 の［不具合対策］のⓐ～ⓓに当てはまる機器の名称として最も適切なものを［語群］から一つずつ選び、解答欄に記号で答えなさい。ただし、同じ記号は重複して使用しないこと。

［語群］

記号	語句	記号	語句	記号	語句	記号	語句
ア	空気圧シリンダ	イ	空気圧モータ	ウ	シリンダ用スイッチ	エ	圧力スイッチ
オ	シャトル弁	カ	マスターバルブ	キ	速度制御弁	ク	減圧弁
ケ	ルブリケータ	コ	電磁弁	サ	急速排気弁	シ	逆止め弁
ス	配管	セ	管継手	ソ	消音器	タ	空気圧フィルタ

令和4年度 技能検定
1級 空気圧装置組立て（空気圧装置組立て作業）
実技試験問題概要

実技試験は、次に示す判断等試験及び計画立案等作業試験により行う。

1 判断等試験

1－1 試験実施日

令和5年1月15日(日)に全国一斉に行うものとする。

1－2 試験時間

問題ごとの試験時間は、次表のとおりである。

問題番号	1	2	3	4	5	6	7	8	9	合計
試験時間	5分	5分	5分	5分	5分	5分	5分	5分	5分	45分

1－3 問題の概要

問題	概　　　要
問題1	空気圧回路図の判定
問題2	検出器(センサ)の判定
問題3	空気圧アクチュエータの判定
問題4	電気配線の判定
問題5	弁の判定
問題6	配管作業の判定
問題7	空油変換回路の判定
問題8	空気圧アクチュエータの速度制御方法の判定
問題9	回路計(テスタ)の使い方の判定

1－4 持参用具等

品　名	寸法又は規格	数　量	備　考
筆記用具	鉛筆、消しゴム等	一式	

2　計画立案等作業試験

2－1　試験実施日

令和5年1月15日(日)に全国一斉に行うものとする。

2－2　試験時間

2時間

2－3　問題の概要

空気圧回路図の読図、装置の調整及び保守点検方法、空気圧装置に関する計算等について行う。

2－4　持参用具等

品　名	寸法又は規格	数　量	備　考
筆記用具	鉛筆、消しゴム等	一式	
電子式卓上計算機	電池式(太陽電池含む)	1	関数電卓可(ただし、プログラム機能付きのものは不可)

3　注意事項

(1)　判断等試験問題は、試験当日配付され、当日回収される。

(2)　使用用具等は、指定したもの以外のものは使用しないこと。

(3)　試験中は、用具等の貸し借りを禁止する。

(4)　**この問題概要に書き込みしたものを持ち込まないこと。また試験中に他の用紙にメモしたものや参考書等を参照することは禁止とする。**

(5)　試験中は、携帯電話、スマートフォン、ウェアラブル端末等の使用(電卓機能の使用を含む)を禁止とする。

令和4年度 技能検定
1級 空気圧装置組立て（空気圧装置組立て作業）
実技試験（計画立案等作業試験）問題

1 試験時間

2時間

2 注意事項

（1） 係員の指示があるまで、この表紙はあけないでください。
（2） 解答用紙に、受検番号及び氏名を必ず記入してください。
（3） 係員の指示に従って、この試験問題が表紙を含めて12ページであることを確認してください。
それらに異常がある場合は、黙って手を挙げてください。
（4） 試験開始の合図で始めてください。
（5） 解答は、解答用紙の解答欄へ記入してください。
なお、要求している解答以外は記入しないでください。
（6） 試験中、携帯電話、スマートフォン、ウェアラブル端末等の使用(電卓機能の使用を含む。)を禁止とします。
（7） 試験中、質問があるときは、黙って手を挙げてください。ただし、試験問題の内容、漢字の読み方等に関する質問にはお答えできません。
（8） 試験終了時刻前に解答ができあがった場合は、黙って手を挙げて、係員の指示に従ってください。
（9） 試験中に手洗いに立ちたいときは、黙って手を挙げて、係員の指示に従ってください。
(10) 試験終了の合図があったら、筆記用具を置き、係員の指示に従ってください。
(11) 試験終了後、解答用紙を提出してください。
(12) 計算等は、問題用紙の余白又は裏面を使用して行ってください。

3 試験に使用できる用具等一覧

品　　名	寸法又は規格	数量	備　　考
筆記用具	鉛筆、消しゴム等	一式	
電子式卓上計算機	電池式(太陽電池式含む)	1	関数電卓可(ただし、プログラム機能付きのものは不可)

問題1

下図の［空気圧回路図］は、図中のシリンダ(1)及びシリンダ(2)が、以下に示す［タイムチャート］のように作動する空気圧装置の回路図を示している。次の各設問に答えなさい。ただし、(a)～(i)の接続と一部の図記号については記載されていない。

［空気圧回路図］

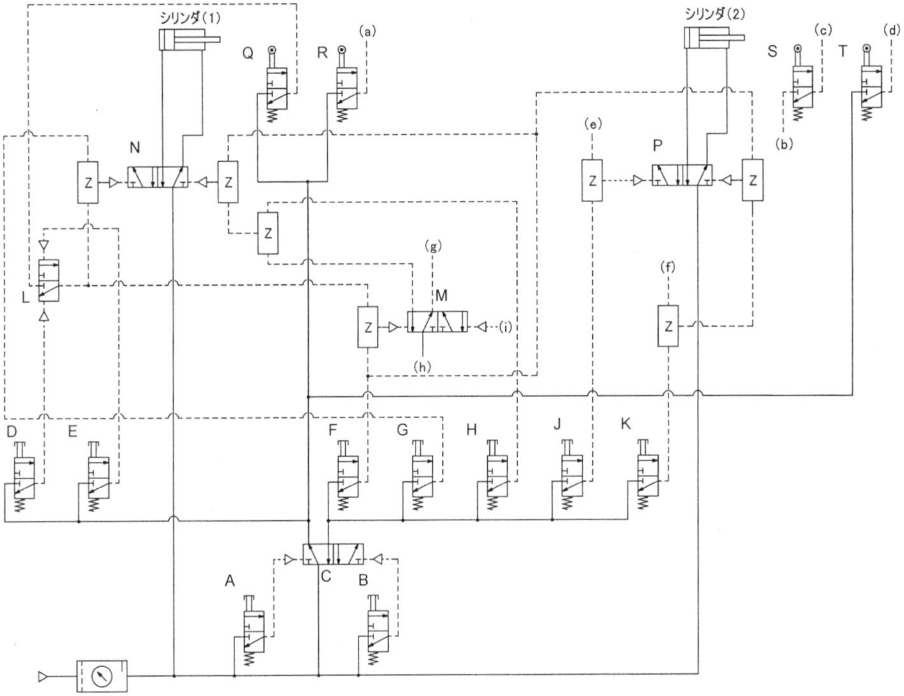

［タイムチャート］

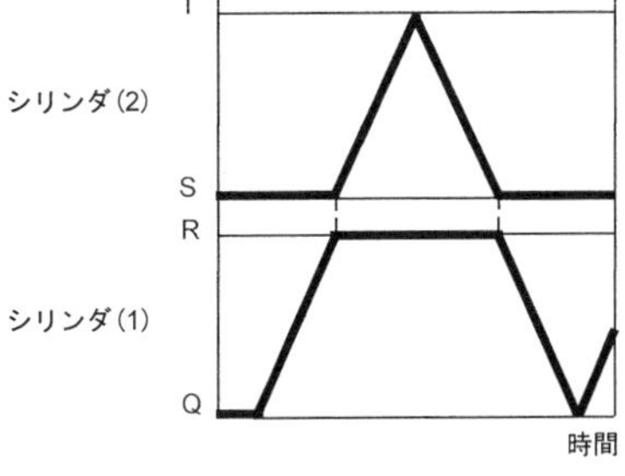

設問1　次の記述中の(　①　)～(　⑨　)内に当てはまる機器として適切なものを、［空気圧回路図］中の記号A～Tからそれぞれ一つずつ選び、解答欄に記号で答えなさい。なお、同じ記号を重複して使用してよい。ただし、［空気圧回路図］中に記号IとOは使用していない。

手動操作弁(　①　)を押して自動回路に切り換えた後、手動操作弁(　②　)を押すと、自動運転がスタートする。シリンダ(1)が前進端に到達し、リミットバルブ R を切り換えると、パイロット圧は、リミットバルブ(　③　)及び空気圧操作弁(　④　)を通過し、空気圧操作弁 P を切り換える。これによって、シリンダ(2)が前進し、前進端でリミットバルブ T を切り換える。リミットバルブ T を通過したパイロット圧は、空気圧操作弁(　⑤　)及び空気圧操作弁 P を切り換え、シリンダ(2)は後退を始める。後退端でリミットバルブ S を切り換えると、これを通過したパイロット圧は、空気圧操作弁 N を切り換え、シリンダ(1)を後退させる。シリンダ(1)が後退端に到達した後、リミットバルブ Q を通過したパイロット圧が空気圧操作弁 L を通してスタート信号となり、この自動サイクルは継続する。サイクルを停止させるには、手動操作弁(　⑥　)を押せばよい。シリンダ(1)及びシリンダ(2)ともに、後退端である原点に到達した後、停止する。

自動運転中に不具合があった場合は、手動操作弁(　⑦　)を押せば、システムは次工程に移ることなく停止する。不具合を取り除いた後、自動運転を再開するには、スタート操作前にシリンダ(1)及びシリンダ(2)と各操作弁の状態を初期状態に戻す必要がある。手動操作弁(　⑧　)を操作すれば、停止前の状態にかかわらず、システムを初期状態に復帰させることができる。また、各々のシリンダを個別に操作することも可能である。シリンダ(2)を前進させたいときは、手動操作弁(　⑨　)を押せばよい。

設問2　［空気圧回路図］中の機器Zに該当する空気圧図記号として適切なものを、下記の［図記号群］から一つ選び、解答欄に記号で答えなさい。

［図記号群］

記号	図記号	記号	図記号
ア	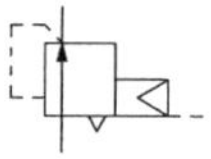	オ	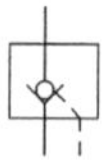
イ		カ	
ウ	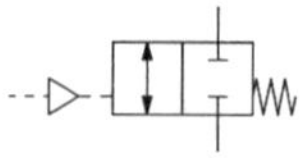	キ	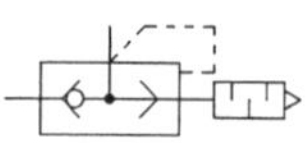
エ	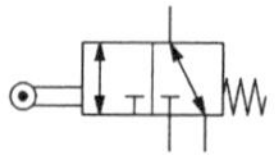	ク	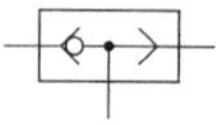

問題2

下図は、テーブルとワークを上昇させ、その上昇限でワークの受渡しに使用するリフタ装置である。このリフタ装置を基に次の各設問に答えなさい。ただし、円周率= 3.14、シリンダの効率= 100%、大気圧= 0.1 MPa(abs)、重力加速度= 9.8 m/s^2 とする。また、下記設問において、解答として求めた数値を繰返して計算に用いる場合は、数値群から選んだ数値を用いること。

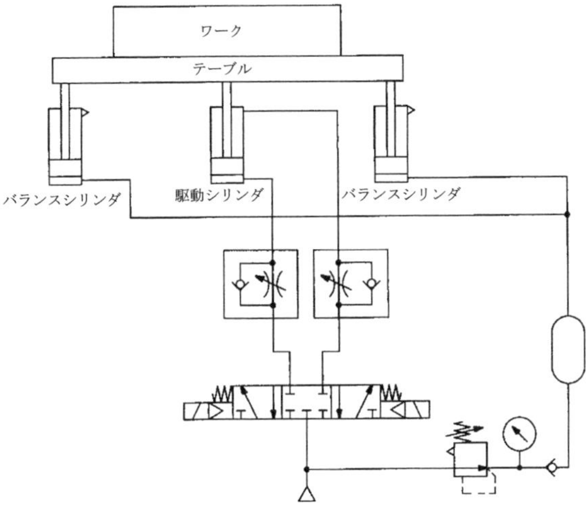

テーブル質量	140 kg
ワーク質量	100 kg
供給圧力	0.4 MPa(G)
減圧弁の設定圧力（P_2）	0.3 MPa(G)
ストローク	400 mm
駆動シリンダ～電磁弁間の配管	内径 10 mm、片側 1 m（合計 2 m）
昇降頻度	5 回/min

設問 1　上昇限において、テーブル質量の 80 % に相当する出力を発生するバランスシリンダの内径(mm)に最も近い数値を[数値群]から一つ選び、解答欄に記号で答えなさい。

設問 2　上昇限における負荷率が、40 % 以下になる駆動シリンダの最小内径(mm)を[数値群]から一つ選び、解答欄に記号で答えなさい。

設問 3　下降限でのバランスシリンダ内圧力を P_1 としたとき、$\Delta P = P_1 - P_2 = 0.05$ MPa となるタンク容量[L：リットル]に最も近い数値を[数値群]から一つ選び、解答欄に記号で答えなさい。ただし、逆止弁からバランスシリンダ間の配管容積は無視する。

設問 4　このリフタ装置の空気消費量[L/min(ANR)]に最も近い数値を[数値群]から一つ選び、解答欄に記号で答えなさい。ただし、ピストンロッド径は 40 mm とする。
なお、配管容積を考慮すること。

［数値群］

記号	数値	記号	数値	記号	数値	記号	数値	記号	数値
ア	10.5	イ	11.5	ウ	12.5	エ	20	オ	25
カ	32	キ	40	ク	50	ケ	63	コ	80
サ	100	シ	125	ス	150	セ	160	ソ	200

問題3

下図は［空気圧プレス装置の概略図］である。また、［表 1］はこの装置の作動順序を、［表 2］は装置の仕様を示したものである。次の各設問に答えなさい。

［空気圧プレス装置の概略図］

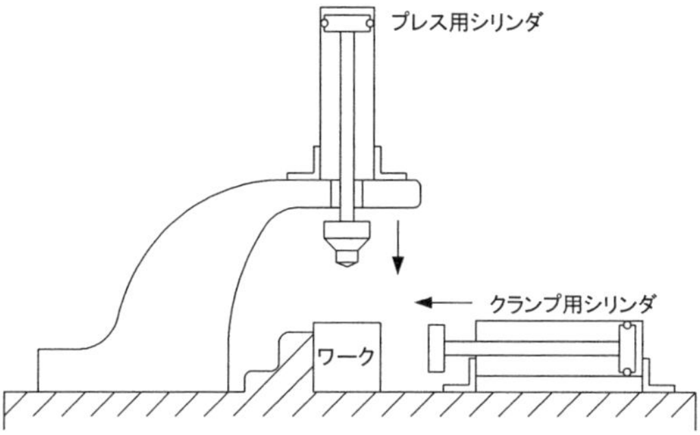

［表1］作動順序

1　ワークをテーブルに載せ、スタートボタンを押す。
2　クランプ用シリンダが前進して、ワークを押さえる。
3　プレス用シリンダが下降して、ワークをプレスする。
4　プレス用シリンダが上昇して、上昇端に達する。
5　クランプ用シリンダが後退して、ワークは開放されて作業を終了する。

［表2］仕様

項目	プレス用シリンダ	クランプ用シリンダ
シリンダ出力	2000 N	500 N
シリンダ速度	上昇　200 mm／s	前進　100 mm／s
	下降　100 mm／s	後退　200 mm／s
シリンダストローク	100 mm	50 mm
使用空気圧力	0.5 MPaG	0.5 MPaG

設問1　プレス用シリンダ及びクランプ用シリンダのチューブ内径として適切なものを、下記の［数値群］からそれぞれ一つずつ選び、解答欄に記号で答えなさい。ただし、両シリンダとも、シリンダ効率は80%、円周率は3.14として計算すること。

［数値群］

記号	チューブ内径
ア	40 mm
イ	50 mm
ウ	63 mm
エ	80 mm
オ	100 mm

設問2　下図は空気圧プレス装置の［空気圧回路図］である。この装置のプレス用シリンダ及びクランプ用シリンダのタイムチャートを前述の［表1］の作動順序に従って作成した場合、タイムチャートとして適切なものを、次ページの［タイムチャート群］から一つ選び、解答欄に記号で答えなさい。

［空気圧回路図］

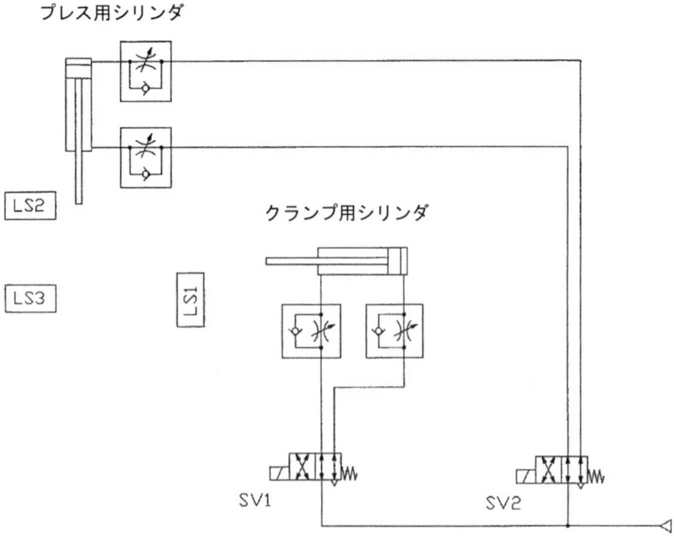

［タイムチャート群］

<table>
<tr><th>記号</th><th>タイムチャート</th><th>記号</th><th>タイムチャート</th></tr>
<tr><td>ア</td><td>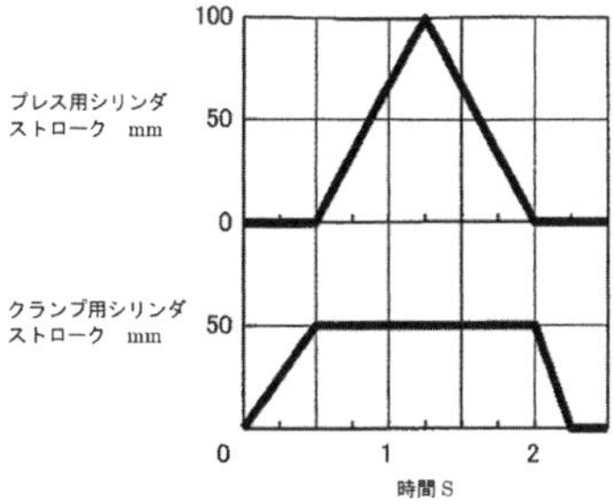
</td><td>エ</td><td>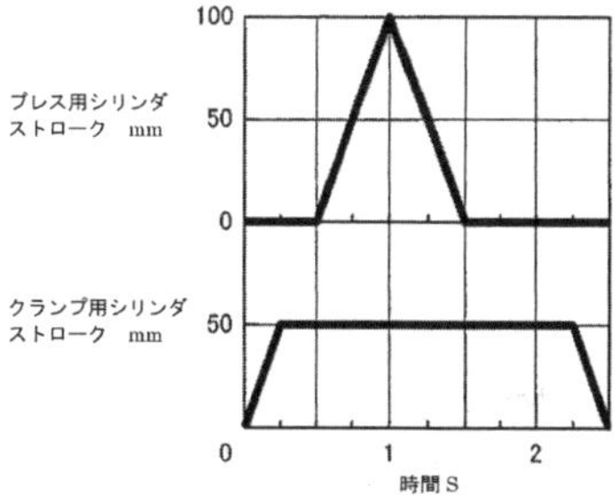
</td></tr>
<tr><td>イ</td><td>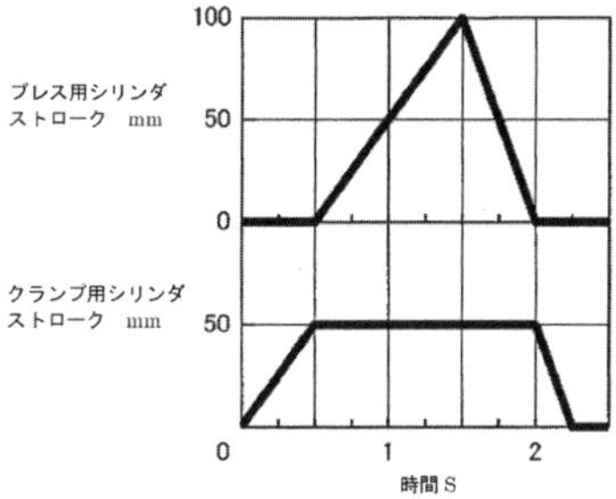
</td><td>オ</td><td>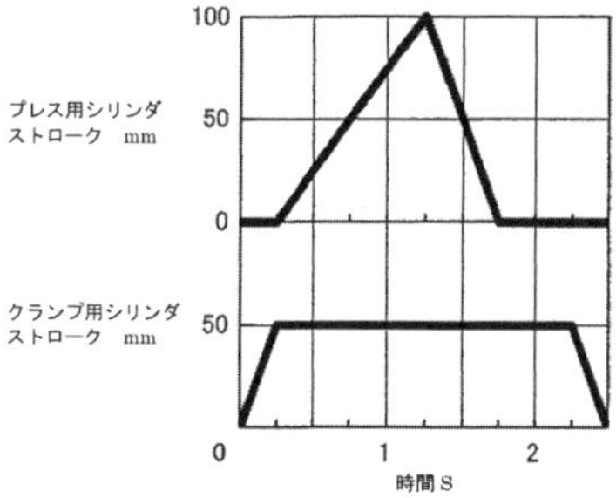
</td></tr>
<tr><td>ウ</td><td>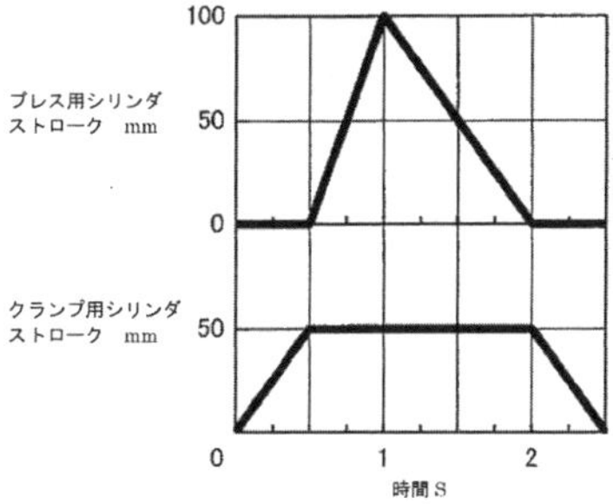
</td><td>カ</td><td>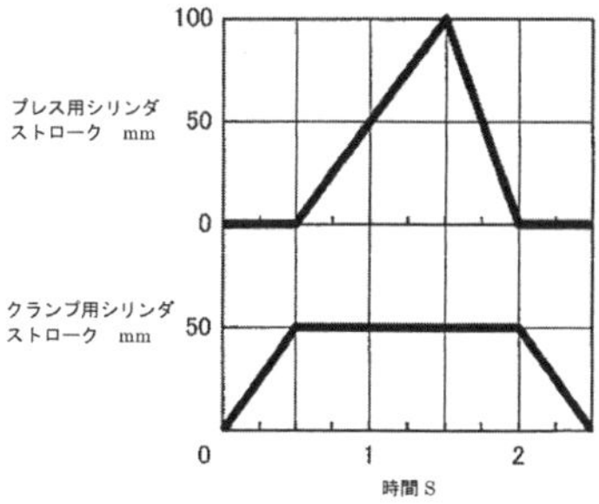
</td></tr>
</table>

設問3　設問2で示した空気圧プレス装置の操作を行うときの電気制御回路図として適切なものを、下記の［電気制御回路図群］から一つ選び、解答欄に記号で答えなさい。

［電気制御回路図群］

<table>
<tr><th>記号</th><th>電気制御回路図</th><th>記号</th><th>電気制御回路図</th></tr>
<tr><td>ア</td><td>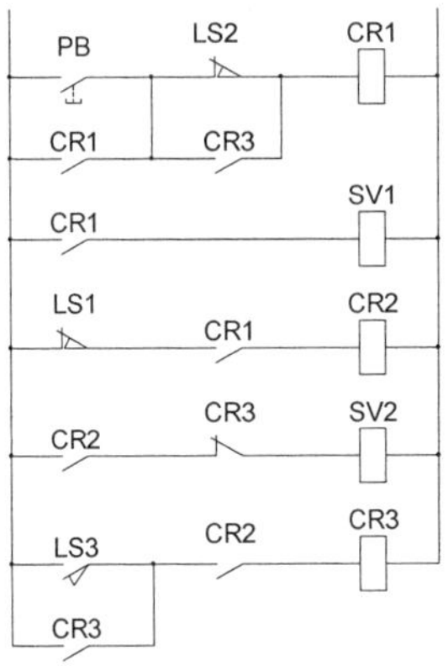
</td><td>ウ</td><td>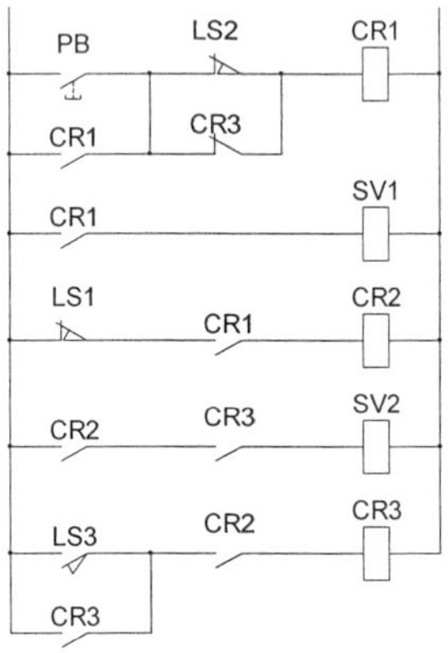
</td></tr>
<tr><td>イ</td><td>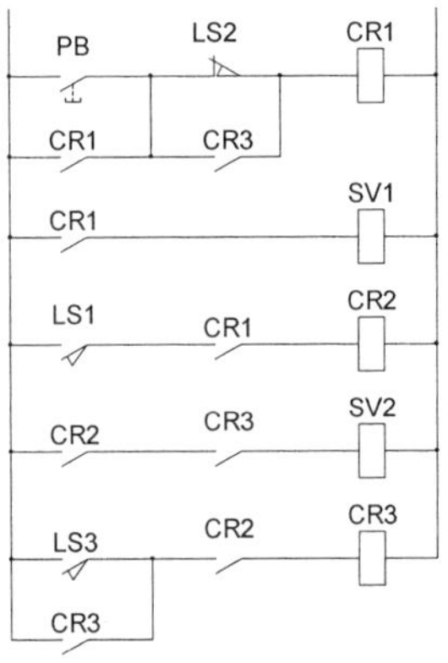
</td><td>エ</td><td>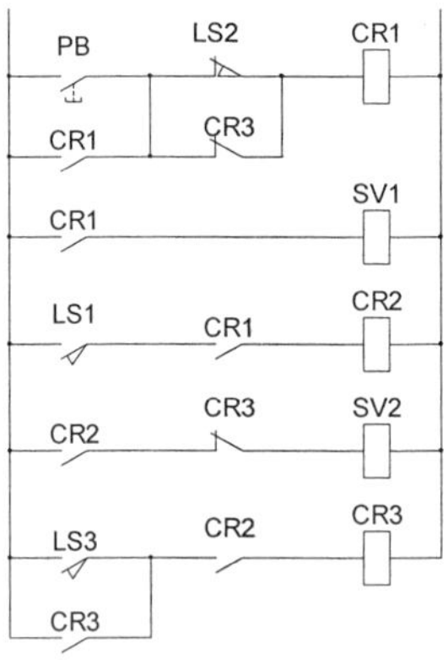
</td></tr>
</table>

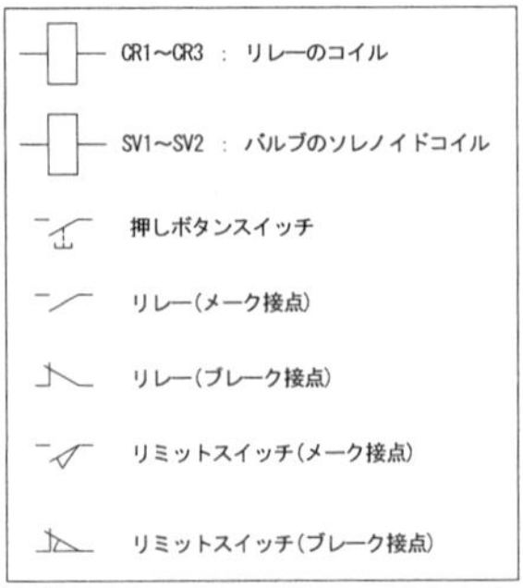

問題4

下図は、圧縮空気の汚染管理を目的とした機器構成を示す［空気圧回路系図］である。この図中における A～E に該当する機器の名称として適切なものを［語群 I ］から、また、これらの機器の目的として適切なものを［語群 II ］からそれぞれ一つずつ選び、解答欄に記号又は番号で答えなさい。

［空気圧回路系図］

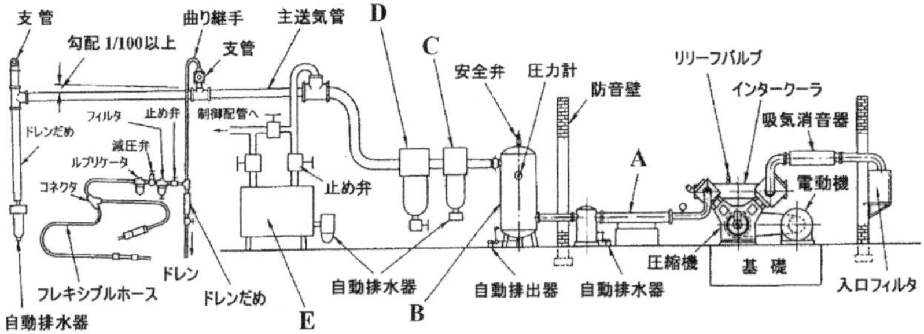

［語群 I ］

記号	機器の名称
ア	メインオイルミストセパレータ
イ	メイン空気圧フィルタ
ウ	空気タンク
エ	エアドライヤ
オ	アフタクーラ

［語群 II ］

番号	機器の目的
1	主送気管内の圧縮空気中に含まれるドレン及び微細な固形物を遠心力やろ過作用などで分離除去する
2	主送気管内の圧縮空気中の油霧を分離除去する
3	一時的に多量の圧縮空気が使用されても空気圧の低下を最小限にとどめ、空気圧システムの安定に寄与する
4	圧縮空気に含まれる水蒸気を減少させる
5	圧縮機から吐出された空気を冷却するために使用する熱交換器

問題5

スイッチの検知位置調整に関する次の文中の(①)～(⑤)内に当てはまる語句として適切なものを、下記の［語群］からそれぞれ一つずつ選び、解答欄に記号で答えなさい。ただし、同じ記号は重複して使用しないこと。

シリンダに取り付けられる位置検出用のスイッチは、一般に、シリンダ内部に組み込まれた磁石による磁界の変化を検出している。磁気近接スイッチの動作を表す特性値として、(①)、応差及び最高感度位置等がある。

片ロッド形シリンダのピストンロッドが完全に引き込まれた状態の検出を行う場合、ピストンロッドを引き込み側のストローク端に合わせて停止させ、その状態でスイッチをシリンダチューブのキャップ側からロッド側に向かって移動させるが、このとき、スイッチが磁界を検知して「ON」となる。この位置をXとする。

さらに、同方向にスイッチの移動を続けると、やがてスイッチは「OFF」となる。この位置を Y とする。

ここで、これまでとは逆方向にスイッチを移動すると、位置 Y を通過した後、スイッチは「ON」の状態となる。この「ON」した位置を Z とする。

このときの(②)の間の距離を応差と呼び、この値は、一般に(③)のスイッチの方が(④)のスイッチよりも大きな値になる。また、スイッチの理想的な最高感度位置は(⑤)にあることを考慮に入れて、スイッチの設定位置を決定する。

［語群］

記号	語句	記号	語句
ア	位置X	ク	位置Yと位置Zの中央
イ	位置Y	ケ	位置Xと位置Zの中央
ウ	位置Z	コ	動作範囲
エ	位置Xと位置Y	サ	チャタリング
オ	位置Yと位置Z	シ	中間停止
カ	位置Xと位置Z	ス	有接点形
キ	位置Xと位置Yの中央	セ	無接点形

問題6

右の図は、あるリフタ装置の［空気圧回路図］である。この装置において、リフタ上限で非常停止して電源が落ちると、バルブの漏れによって、リフタが徐々に下降してくることが分かった。この改善案として適切な回路を［空気圧回路図群］から一つ選び、解答欄に記号で答えなさい。

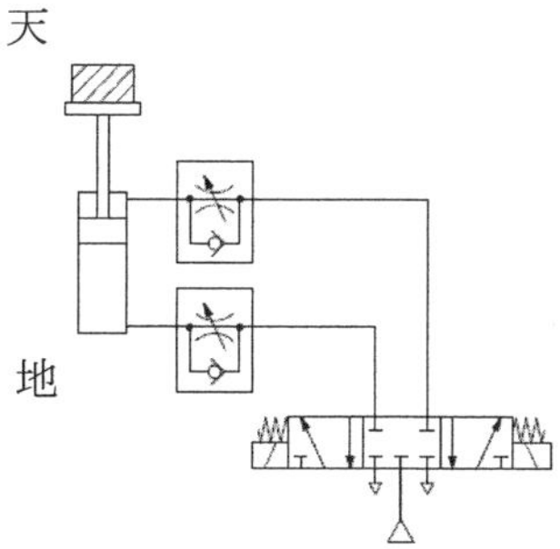

［空気圧回路図］

［空気圧回路図群］

空気圧回路図	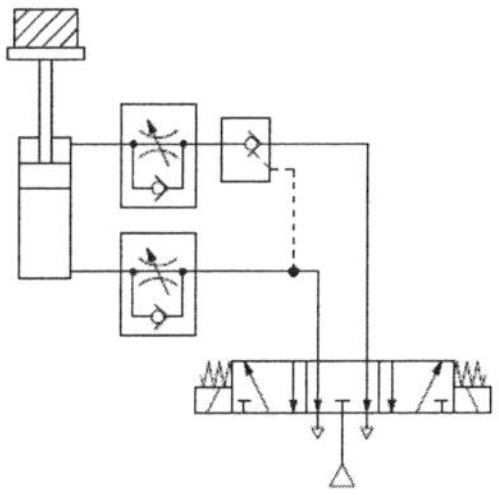	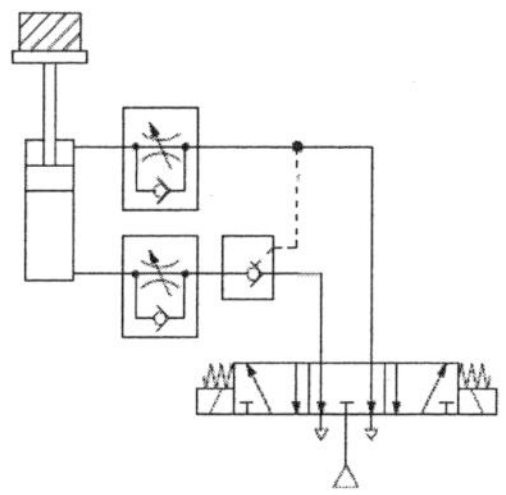	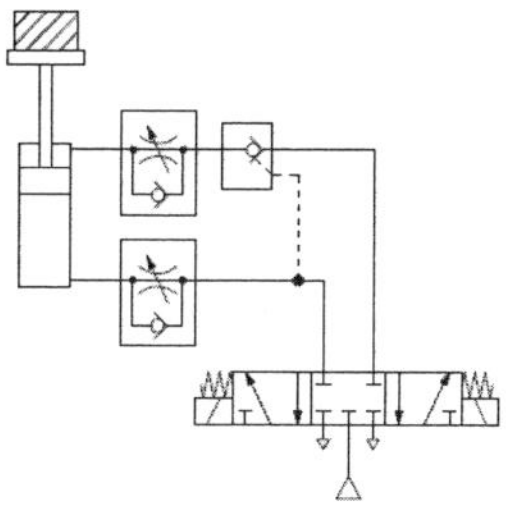
記号	ア	イ	ウ
空気圧回路図	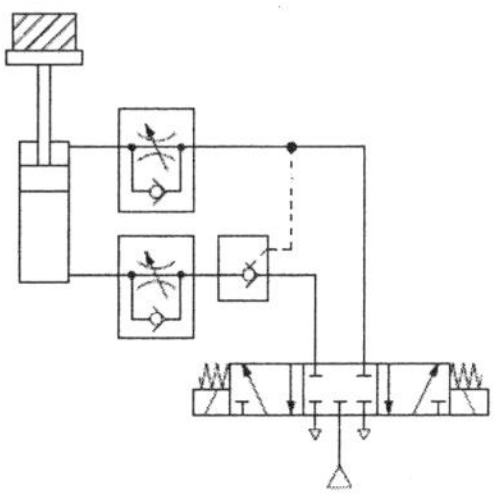	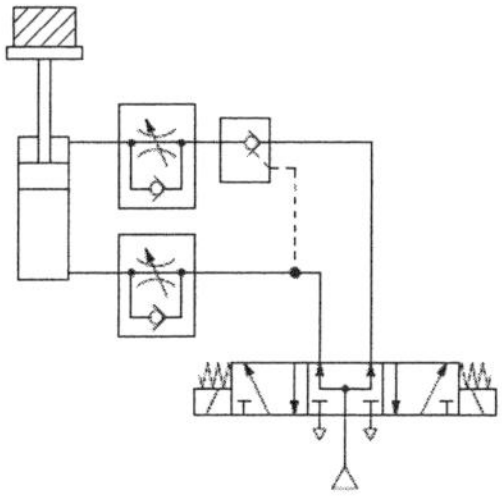	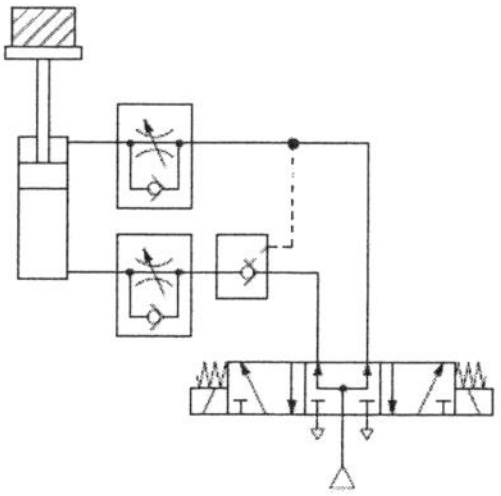
記号	エ	オ	カ

令和3年度 技能検定

1級 空気圧装置組立て（空気圧装置組立て作業）

実技試験（計画立案等作業試験）問題

1 試験時間

2時間

2 注意事項

（1） 係員の指示があるまで、この表紙はあけないでください。
（2） 解答用紙に、受検番号及び氏名を必ず記入してください。
（3） 係員の指示に従って、この試験問題が表紙を含めて10ページであることを確認してください。それらに異常がある場合は、黙って手を挙げてください。
（4） 試験開始の合図で始めてください。
（5） 解答は、解答用紙の解答欄へ記入してください。
なお、要求している解答以外は記入しないでください。
（6） 試験中、携帯電話、スマートフォン、ウェアラブル端末等の使用(電卓機能の使用を含む)を禁止とします。
（7） 試験中、質問があるときは、黙って手を挙げてください。ただし、試験問題の内容、漢字の読み方等に関する質問にはお答えできません。
（8） 試験終了時刻前に解答ができあがった場合は、黙って手を挙げて、係員の指示に従ってください。
（9） 試験中に手洗いに立ちたいときは、黙って手を挙げて、係員の指示に従ってください。
（10） 試験終了の合図があったら、筆記用具を置き、係員の指示に従ってください。
（11） 試験終了後、解答用紙を提出してください。
（12） 計算等は、問題用紙の余白又は裏面を使用して行ってください。

3 試験に使用できる用具等一覧

品　　名	寸法又は規格	数量	備　　考
筆記用具	鉛筆、消しゴム等	一式	
電子式卓上計算機	電池式(太陽電池式含む)	1	関数電卓可(ただし、プログラム機能付きのものは不可)

問題1

下図は、複動空気圧シリンダを使ったリフタ装置に、引込み単動空気圧シリンダを使ったブレーキ機構を付属した装置の空気圧回路図である。一台の手動弁で上下駆動及び中間停止操作を行う全空気圧回路であり、中間停止後のブレーキ解除に続く駆動動作に飛び出しがあってはならない。この条件を満たすように、空気圧回路図中A～E枠に当てはまる機器として最も適切な機器のJIS記号を[図記号群]から一つずつ選び、解答欄に記号で答えなさい。ただし、同じ記号を重複して使用してもよい。

[空気圧回路図]

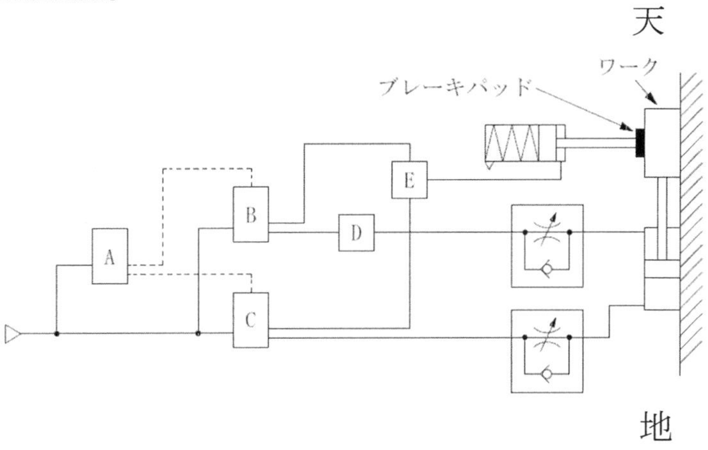

［図記号群］

記号	図記号	記号	図記号	記号	図記号
ア	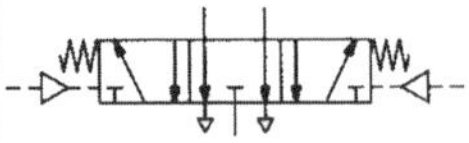	イ	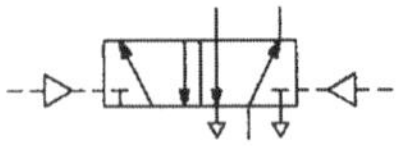	ウ	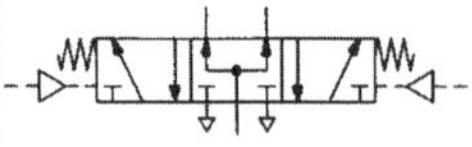
エ	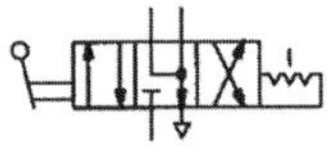	オ	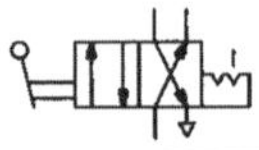	カ	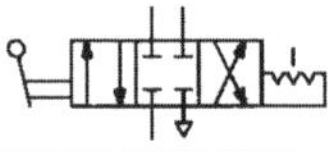
キ	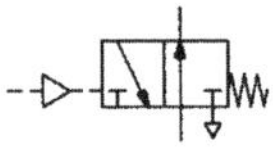	ク	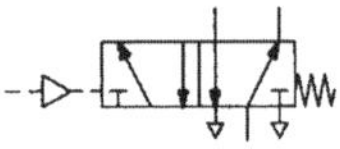	ケ	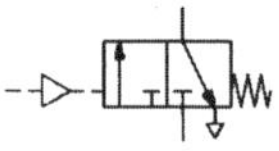
コ	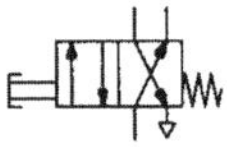	サ	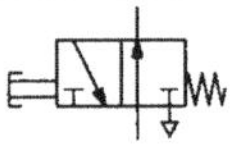	シ	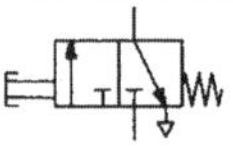
ス	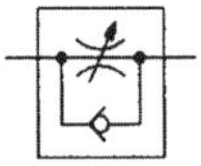	セ	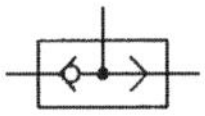	ソ	
タ	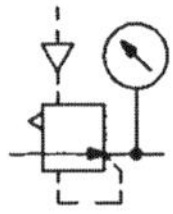	チ	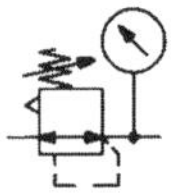	ツ	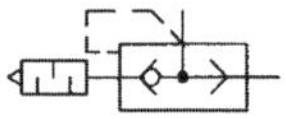

問題2

下図の［空気圧回路図］は、負荷の上昇、下降用に複動形空気圧シリンダを用い、このシリンダの中間停止時に負荷が動かないように、押さえとして単動形空気圧シリンダを用いた装置である。この装置に関する次の各設問に答えなさい。ただし、当初は以下の［条件］で装置を考えていたものとする。

［条件］

負　荷　質　量：40kg	大　　気　　圧：0.1MPa abs
上下ストローク：250mm	重力加速度：$9.8m/s^2$
作　動　頻　度：$3min^{-1}$	円　　周　　率：3.14
使　用　圧　力：0.5MPa G	

［空気圧回路図］

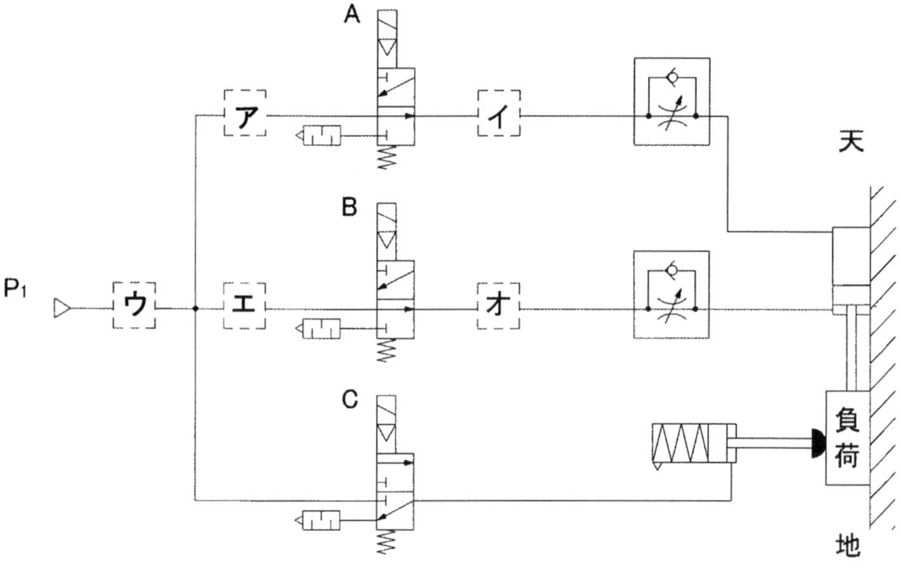

設問1　全ての電磁弁を非通電にした中間停止時に、3ポート電磁弁Cだけを通電したところ、負荷が高速で下降し位置ずれを起こした。これを防止する目的として下図で表される減圧弁を設置する場合、適切な設置場所を[空気圧回路図]中のア～オから一つ選び、解答欄に記号で答えなさい。

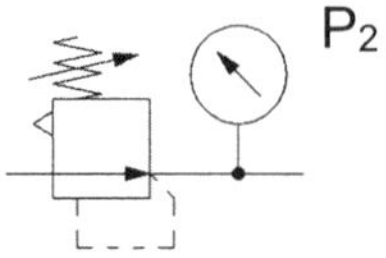

設問2　複動形空気圧シリンダは、シリンダチューブ内径63mm、ピストンロッド径20mmであり、シリンダ力に余裕がある。よって、使用圧力P_1を変更し、空気消費量を削減する。下向きの負荷力に対する上昇方向のシリンダ力が2倍になる使用圧力P_1[MPa G]を求め、解答欄に記入しなさい。ただし、ピストンとピストンロッドの自重及び摩擦は考慮しないものとする。

なお、計算に当たっては、計算途中における数値の切捨て、切上げ及び四捨五入は行わず、最終計算値の小数第3位を四捨五入して、小数第2位までの数値で答えなさい。

設問3　使用圧力P_1を設問2の正解の圧力としたとき、上下方向に働く力が均等となるようにバランスさせるため、設問1で設置した減圧弁に設定する圧力P_2[MPa G]を求め、解答欄に記入しなさい。ただし、ピストンとピストンロッドの自重及び摩擦は考慮しないものとする。

なお、計算に当たっては、計算途中における数値の切捨て、切上げ及び四捨五入は行わず、最終計算値の小数第3位を四捨五入して、小数第2位までの数値で答えなさい。

設問4　この複動形空気圧シリンダが、設問2及び設問3の正解の圧力P_1及びP_2で一往復したときの空気消費量Q[dm^3(ANR)]を求め、解答欄に記入しなさい。ただし、単動形空気圧シリンダ及び配管の空気消費量は含まないものとする。

なお、計算に当たっては、計算途中における数値の切捨て、切上げ及び四捨五入は行わず、最終計算値の小数第3位を四捨五入して、小数第2位までの数値で答えなさい。

設問5　このシステムを1日8時間連続で稼動させたとき、複動形空気圧シリンダの空気消費量が50m^3(ANR)を超えるのは稼動開始から何日目か、整数値で答えなさい。ただし、空気消費量は設問4で求めた正解値Qを使うものとする。

問題3

下図の［空気圧回路図］に基づきワーク検出装置を配管したところ、次ページの［図－A］のようになった。しかし、試運転の結果、下記の［不具合現象］が発生したため、確認したところ、各機器間の配管接続口のうち2か所が誤っていることが判明した。

［図－A］中の配管接続口①～㉓の中から、誤っている箇所を二つ選び、解答欄に番号で答えなさい。

ただし、［空気圧回路図］は適切であるものとする。

［空気圧回路図］

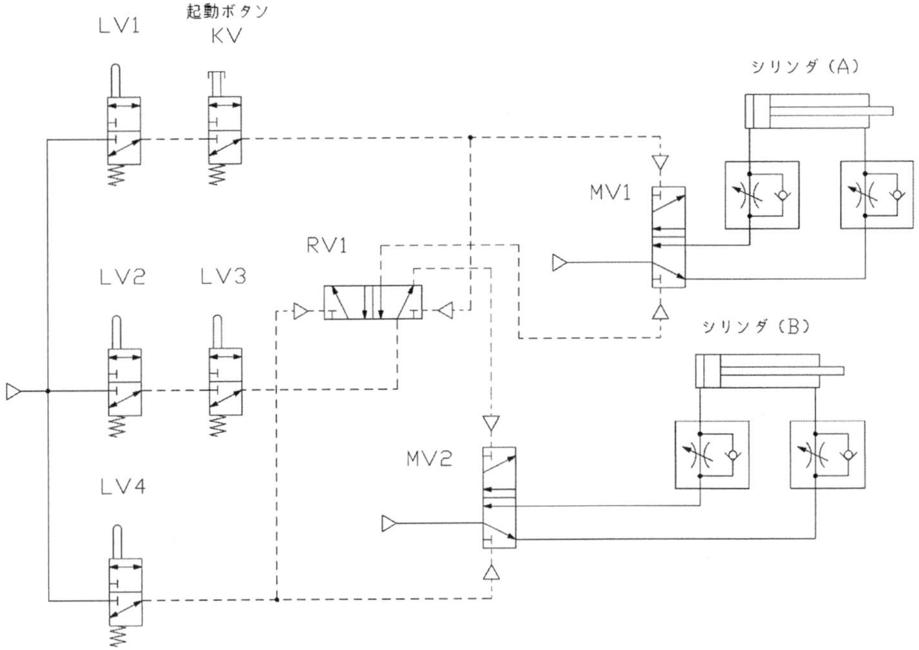

［ 不具合現象 ］

起動ボタンKVを押すとシリンダ(A)が前進し、前進端でシリンダ(B)が動き始めた。シリンダ(B)が動き始めるとともに空気が漏れる音が聞こえるようになった。しかし、シリンダ(B)は予定通り前進端に達し、その後、後退を始めた。シリンダ(B)が後退端に到達するとともに空気の漏れる音は止まり、シリンダ(A)が後退を始めた。

動作の順序に誤りは無かったが、空気の漏れる音が大きく不具合である。ただし、シリンダ及びバルブの不良、配管のゆるみ等による空気の漏れは無いものとする。

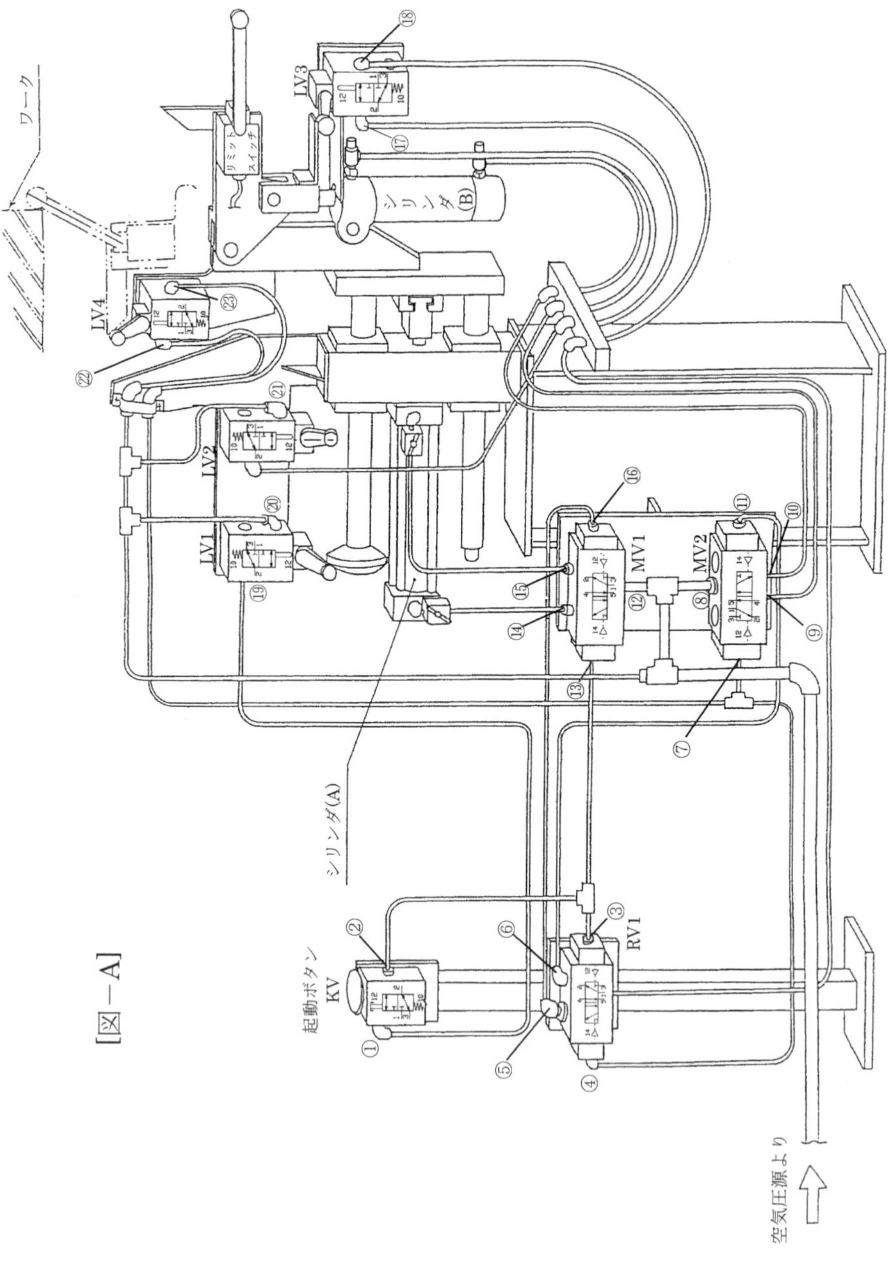
起動ボタン
KV
RV1
シリンダ(A)
MV1
MV2
LV1
LV2
LV3
LV4
シリンダ(B)
リミットスイッチ
ワーク
空気圧源より
[図－A]

問題4

空気圧装置に使用するプログラマブルコントローラ(PLC)への接続方法に関する記述として、文中の(　①　)～(　⑤　)に当てはまる最も適切な語句を[語群]から一つずつ選び、解答欄に記号で答えなさい。

入力機器が PLC の入力ユニットへ正しく接続されているかチェックするには、入力機器を作動させて、入力ユニットの(　①　)が点灯するかを確認する。シリンダスイッチは、空気圧を供給しないで手動で確認する場合と、空気圧を供給して動作させた場合では、停止位置がずれる場合があるので注意を要する。

入力機器で、リミットスイッチや押しボタンスイッチなどの有接点タイプへの配線は、極性に関係なく接続できるが、有接点タイプの(　②　)を使用したシリンダスイッチには、一般的に、(　①　)や保護用の(　③　)が付いているので、極性には注意を要する。無接点タイプのシリンダスイッチには、(　④　)タイプと(　⑤　)タイプがあるので、PLC の入力ユニットの種類によって使い分ける必要がある。

[語群]

記号	語句	記号	語句	記号	語句	記号	語句
ア	リードスイッチ	イ	ホール素子	ウ	フォトカプラ	エ	ヒューズ
オ	ダイオード	カ	コイル	キ	エアスイッチ	ク	PNP
ケ	NPN	コ	LED	サ	ブレーク接点	シ	メーク接点

問題5

下表の番号1～12は、空気圧装置の組立てが完成し、作動調整から自動運転へ移行するときの点検調整項目を示したものである。これらを点検調整の手順として並べた場合、最も適切なものを[順序群]から一つ選び、解答欄に記号で答えなさい。

番号	点検調整項目
1	装置内に工具、残留異物等がないか確認する
2	全ての速度制御弁を全閉にする
3	可動するホースの張り具合、こすれの点検を行う
4	アクチュエータのストッパの最終調整を行う
5	アクチュエータが低速で動くように、速度制御弁を調整する
6	連続運転を行う
7	各個別回路及び非常停止回路の確認を行う
8	ルブリケータの潤滑油の滴下量を調整する
9	空気圧供給用の減圧弁の圧力を調整する
10	負荷を加えてアクチュエータの速度調整及びクッションニードル調整を行う
11	空気圧供給用ストップバルブを開く
12	リミットスイッチ、リミットバルブ類の検出調整を行う

[順序群]

記号	点検調整手順
ア	11→9→5→4→2→1→12→3→10→7→6→8
イ	2→1→6→11→12→3→10→7→5→4→9→8
ウ	1→2→11→9→5→4→12→3→10→7→6→8
エ	7→1→2→9→11→5→4→6→12→3→10→8
オ	11→9→5→4→10→3→12→2→1→7→6→8
カ	1→2→11→6→3→9→5→4→12→7→10→8

問題6

次の番号①～⑧に示す［空気圧回路の不具合現象］について、原因として考えられるものを、下記の［語群］からそれぞれ一つずつ選び、解答欄に記号で答えなさい。ただし、同じ記号は重複して使用しないこと。

番号	空気圧回路の不具合現象
①	シリアル伝送を使用した電磁弁が誤作動した。
②	エアブローラインの空気中に、オイルミストが混入していて問題となった。
③	空気圧シリンダのロッドパッキンが短期間に破損して、空気漏れが生じた。
④	エアモータの寿命が極端に短かった。
⑤	空気圧フィルタの出口側にドレンが出てきた。
⑥	電磁弁に通電したら、電磁弁の排気ポートから多量の空気漏れが生じ、電磁弁が切り換わらない状態となった。
⑦	動作回数が増すにしたがって、空気圧シリンダの速度が徐々に低下してきた。
⑧	空気圧縮機の吐出空気量に余裕があるので負荷を少し増やしたところ、使用端での圧力降下が大きくなった。

［語群］

記号	原　　因
ア	フィルタのサイズが小さすぎて、空気圧フィルタの適正流量域を超えていた。
イ	シリンダの容積に対し、シリンダと速度制御弁の間の配管容積が大きかった。
ウ	ルブリケータによってシリンダに給油している配管系と同じ配管系を使用していた。
エ	主配管の径が細すぎた。
オ	アクチュエータへの給油が不足していた。
カ	電圧がソレノイドの許容値よりも上昇していた。
キ	モータなどの動力線と共に信号線を配線していた。
ク	特殊な溶液がピストンロッド部にかかり、パッキンの材質を侵していた。
ケ	クッションバルブの調整がされていなかった。
コ	主弁にシールテープが噛み込んでいた。
サ	低温環境で高頻度に作動させたため、消音器の内部でドレンが凍結していた。

令和2年度 技能検定
1級 空気圧装置組立て（空気圧装置組立て作業）
実技試験（計画立案等作業試験）問題

1 試験時間

2時間

2 注意事項

（1） 係員の指示があるまで、この表紙はあけないでください。
（2） 解答用紙に、受検番号及び氏名を必ず記入してください。
（3） 係員の指示に従って、この試験問題が表紙を含めて9ページであることを確認してください。
それらに異常がある場合は、黙って手を挙げてください。
（4） 試験開始の合図で始めてください。
（5） 解答は、解答用紙の解答欄へ記入してください。
なお、要求している解答以外は記入しないでください。
（6） 試験中、携帯電話、スマートフォン、ウェアラブル端末等の使用(電卓機能の使用を含む)を禁止とします。
（7） 試験中、質問があるときは、黙って手を挙げてください。ただし、試験問題の内容、漢字の読み方等に関する質問にはお答えできません。
（8） 試験終了時刻前に解答ができあがった場合は、黙って手を挙げて、係員の指示に従ってください。
（9） 試験中に手洗いに立ちたいときは、黙って手を挙げて、係員の指示に従ってください。
(10) 試験終了の合図があったら、筆記用具を置き、係員の指示に従ってください。
(11) 試験終了後、解答用紙を提出してください。
(12) 計算等は、問題用紙の余白又は裏面を使用して行ってください。

3 試験に使用できる用具等一覧

品　　名	寸法又は規格	数量	備　　考
筆記用具	鉛筆、消しゴム等	一式	
電子式卓上計算機	電池式(太陽電池式含む)	1	関数電卓可(ただし、プログラム機能付きのものは不可)

問題1

図１の空気圧回路図は、押しボタン式切換弁のスタート信号によりスタートし、押しボタン式切換弁のストップ信号が入力されるまで、シリンダ(Ⅰ)・シリンダ(Ⅱ)が図 2 のタイムチャートに示すシーケンス動作を連続して繰り返す回路で、一部配管がつながっていない状態を表している。

また、シリンダ(Ⅰ)・シリンダ(Ⅱ)のシリンダロッド前進端及び後退端に設けられたリミットバルブの信号により、次のステップに進むシーケンス動作を行わせている。これらを基にして次の各設問に答えなさい。

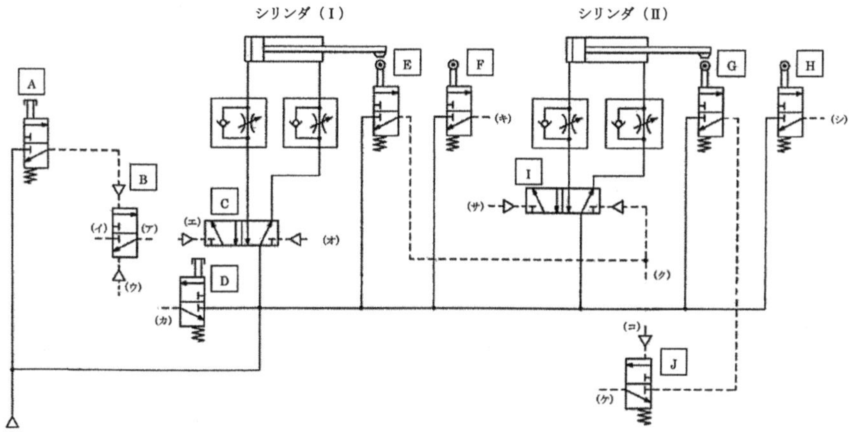

図１　空気圧回路図

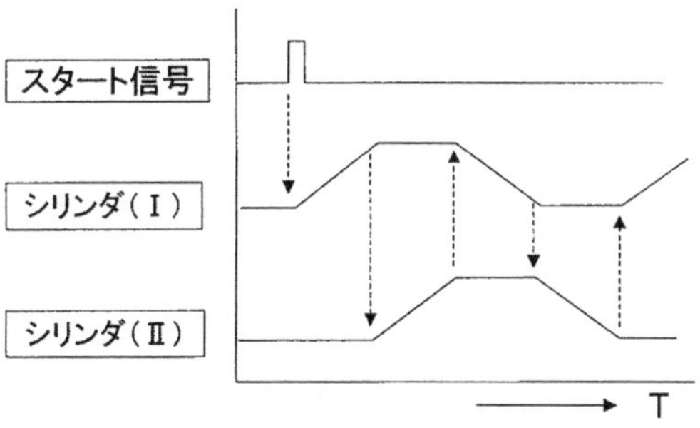

図２　タイムチャート

設問 1　文中の(　①　)～(　⑩　)に当てはまるバルブとして適切なものを、図 1 の空気圧回路図中の A ～ J から一つずつ選び、解答欄に記号で答えなさい。

押しボタン式切換弁(　①　)によりスタート信号が入力されると補助バルブ(　②　)が切り換わり、このバルブを通ったパイロット圧はマスタバルブ(　③　)を切り換えてシリンダ(Ⅰ)は前進する。シリンダ(Ⅰ)が前進し前進端でリミットバルブ(　④　)を切り換えるとパイロット圧はマスタバルブ(　⑤　)を切り換えてシリンダ(Ⅱ)は前進する。シリンダ(Ⅱ)が前進し前進端のリミットバルブ(　⑥　)が切り換わり、この信号を受けてシリンダ(Ⅰ)は後退を開始する。シリンダ(Ⅰ)が後退し後退端のリミットバルブ(　⑦　)を切り換えると、この信号によりシリンダ(Ⅱ)は後退を開始する。シリンダ(Ⅱ)が後退し後退端のリミットバルブ(　⑧　)を切り換えると、この信号により再びシリンダ(Ⅰ)が前進を開始し、以後このシーケンス動作を繰り返す。連続動作を止めるには、バルブ(　⑨　)によりストップ信号を入力する。ストップ信号が入力された後、1 サイクル終了後に停止する。

また、本回路は、両シリンダが原点である後退端になければシリンダ(Ⅰ)がスタートしないインターロック回路をバルブ(　⑩　)を使い構成している。

設問 2　設問 1 を参考に、図 1 に示す空気圧回路図におけるパイロット配管を完成させなさい。

なお、配管箇所は図 1 に示す(ア)～(シ)とし、例えば(ア)と(イ)をつなぐ場合「アーイ」のように組み合わせて解答欄に記号で答えなさい。

問題2

以下の空気圧回路図は、負荷の上昇、下降用に複動形空気圧シリンダを用い、このシリンダの中間停止時に負荷が動かないように、押さえとして単動形空気圧シリンダを用いた装置である。この装置に関する次の各設問に答えなさい。ただし、当初は以下の[条件]で装置を考えていたものとする。

[条件]

負荷質量：50kg	大気圧：0.1MPa abs
上下ストローク：400mm	標準大気圧：0.1MPa
作動頻度：3min^{-1}	重力加速度：9.8m/s^2
使用圧力：0.4MPa G	円周率：3.14

[空気圧回路図]

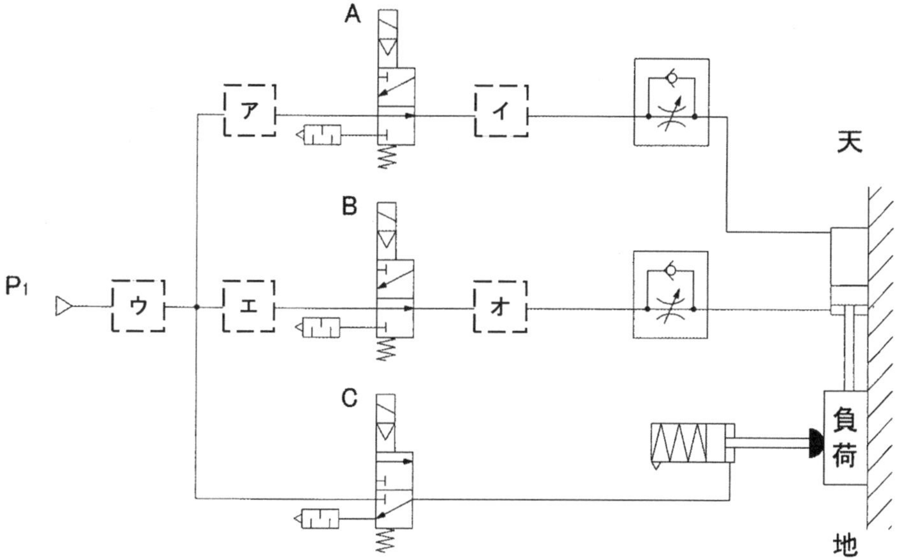

設問1　全ての電磁弁を非通電にした中間停止時に、3ポート電磁弁Cだけを通電したところ、負荷が高速で下降し位置ずれを起こした。これを防止する目的として下図で表される減圧弁を設置する場合、適切な設置場所を［空気圧回路図］中のア～オから一つ選び、解答欄に記号で答えなさい。

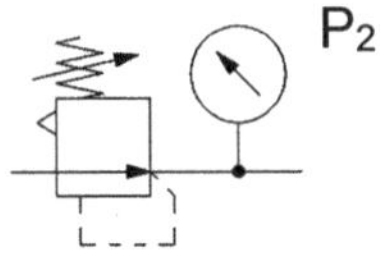

設問2　複動形空気圧シリンダは、シリンダチューブ内径63mm、ピストンロッド径20mmであり、シリンダ力に余裕がある。よって、使用圧力P_1を変更し、空気消費量を削減する。下向きの負荷力に対する上昇方向のシリンダ力が2倍になる使用圧力P_1[MPa G]を求め、解答欄に記入しなさい。ただし、ピストンとピストンロッドの自重及び摩擦は考慮しないものとする。

なお、計算に当たっては、計算途中における数値の切捨て、切上げ及び四捨五入は行わず、最終計算値の小数第3位を四捨五入して、小数第2位までの数値で答えなさい。

設問3　使用圧力P_1を設問2の正解の圧力としたとき、上下方向に働く力が均等となるようにバランスさせるため、設問1で設置した減圧弁に設定する圧力P_2[MPa G]を求め、解答欄に記入しなさい。ただし、ピストンとピストンロッドの自重及び摩擦は考慮しないものとする。

なお、計算に当たっては、計算途中における数値の切捨て、切上げ及び四捨五入は行わず、最終計算値の小数第3位を四捨五入して、小数第2位までの数値で答えなさい。

設問4　この複動形空気圧シリンダが、設問2及び設問3の正解の圧力P_1及びP_2で一往復したときの空気消費量Q[dm^3(ANR)]を求め、解答欄に記入しなさい。ただし、単動形空気圧シリンダ及び配管の空気消費量は含まないものとする。

なお、計算に当たっては、計算途中における数値の切捨て、切上げ及び四捨五入は行わず、最終計算値の小数第3位を四捨五入して、小数第2位までの数値で答えなさい。

設問5　このシステムを1日8時間連続で稼動させたとき、複動形空気圧シリンダの空気消費量が50m^3(ANR)を超えるのは稼動開始から何日目か、整数値で答えなさい。ただし、空気消費量は設問4で求めた正解値Qを使うものとする。

問題3

防爆環境の下で水平に取り付けられた両ロッドシリンダの遠隔操作について、下図のようなA、B、C及びD案の4提案があった。これらの案について、文中の(①)～(⑤)に当てはまる語句として適切なものを、下記の［語群］から一つずつ選び、解答欄に記号で答えなさい。ただし、同じ記号は重複して使用しないこと。

各案とも防爆領域での電気の使用を避け、A、B及びC案は主弁に5ポート3位置弁を使用し、D案は3ポート2位置弁2個を使用している。省エネルギーを考慮すると、B案はシリンダ、切換弁間の配管が長く、空気消費量は他の3案に比べて(①)。A案とD案はパイロット電磁弁に3ポート2位置弁2個を、C案は(②)5ポート3位置弁を使用しているので、C案も機能的にはA案とD案と同等になる。

各案とも中間停止位置精度は悪く、また、中間停止後の再起動時のピストン速度は設定速度と比べ、(③)速度となる。それを防止するために、D案は主弁に3ポート2位置弁2個を使用し、両方のパイロット電磁弁を励磁してピストン両側に供給圧力を導くことで、圧縮空気をシリンダに充填することができる。次いで(④)側のパイロット電磁弁をOFFすることで、充填された圧縮空気による速度制御が可能になる。以上のことから、省エネルギーを考慮した場合はA、C及びD案が適しており、さらに、安全性を考慮して(⑤)を採用することとした。

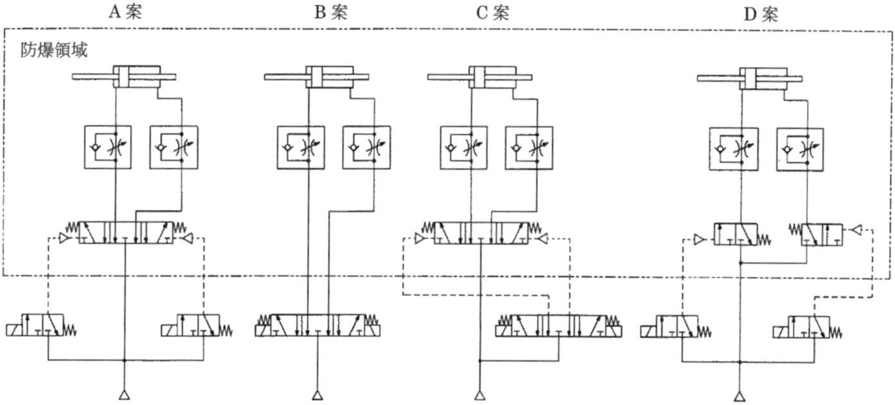

［語群］

記号	語句	記号	語句	記号	語句	記号	語句	記号	語句
ア	クローズドセンタ	イ	供給	ウ	排気	エ	速い	オ	遅い
カ	エキゾーストセンタ	キ	多い	ク	少ない	ケ	負荷	コ	同等の
サ	プレッシャセンタ	シ	A案	ス	B案	セ	C案	ソ	D案

問題4

下図に示すように空気圧シリンダと電磁弁とを取り付けた。この空気圧シリンダと電磁弁との間を一点鎖線で示すように鋼管で配管する場合、[配管部材群]に示す①～⑨の配管部材のそれぞれの必要個数を、解答欄に記入しなさい。

なお、配管はⓐの部分で取外しが可能なものとする。また、必要のない配管部材には、解答個数を0個と記入すること。

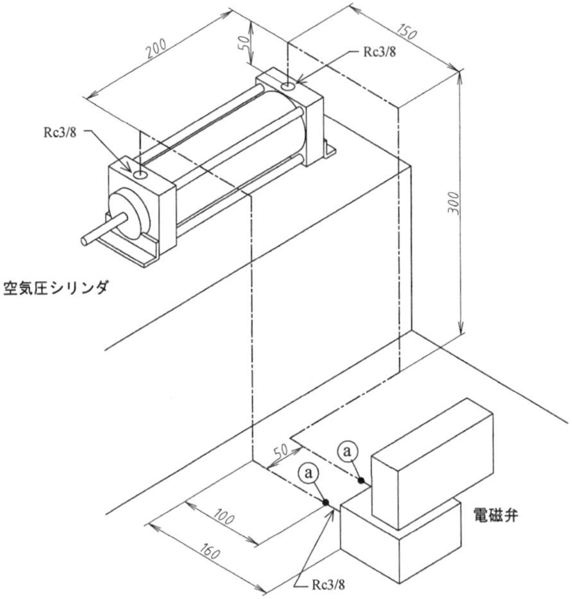

[配管部材群]

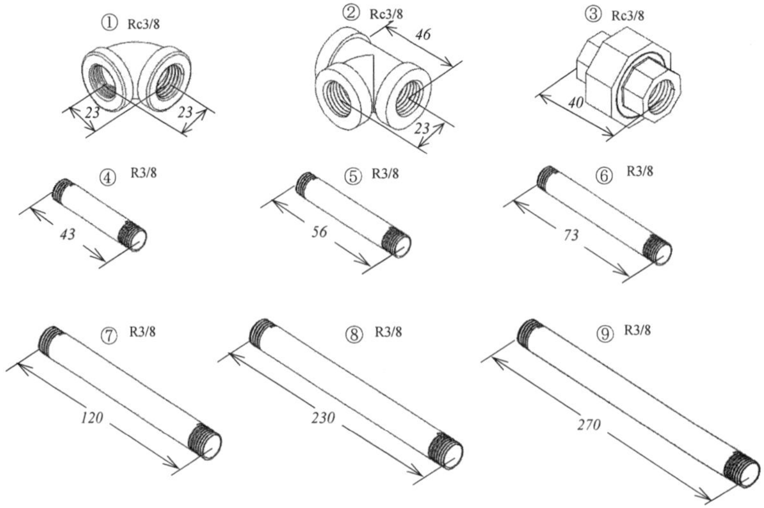

問題5

空気圧機器を使った自動組立装置の初期調整、シリンダ用スイッチの取付け調整に関する作業について、次の各設問に答えなさい。

設問1　初期調整における下記1～4の各作業について、正しいものには○を、誤っているものには×を、解答欄に記入しなさい。

1	速度制御弁の絞りを開放状態から始め、空気圧シリンダの動作を確認しながら徐々に速度を下げていった。
2	ルブリケータの滴下油量を、空気圧シリンダの速度調整前に十分に油が供給されるように余裕をもって調整した。
3	空気圧シリンダのエアクッションは製造元において調整されているので、初期調整を行わなかった。
4	方向制御弁を使って動作を確認する前に、空気圧シリンダが動作してもジグ等に干渉しない事を確認した。

設問2　下記1～5のシリンダ用スイッチの取付けに関わる各調整作業について、正しいものには○を、誤っているものには×を、解答欄に記入しなさい。

1	繰返し曲げ力や引張り力がシリンダ用スイッチのリード線にできるだけ作用しないように配慮して配線した。
2	周囲に大電流の流れる環境下でスイッチが誤動作する心配があったため、有接点スイッチから無接点スイッチに交換した。
3	シリンダ用スイッチの配線長さによって、応答時間の遅れやスイッチ破損につながるような問題は発生しない。
4	シリンダ用スイッチをシリンダチューブの末端に固定した。
5	シリンダ用スイッチにリレーや電磁弁などの誘導負荷を直接接続するので、スイッチが破損しないように負荷側に保護回路を設けた。

問題6

下図は、ワークの吸着搬送を行う[空気圧回路図]である。この回路について、以下の文中の(①)～(⑩)に当てはまる語句として適切なものを、[語群]から一つずつ選び解答欄に記号で答えなさい。

[空気圧回路図]

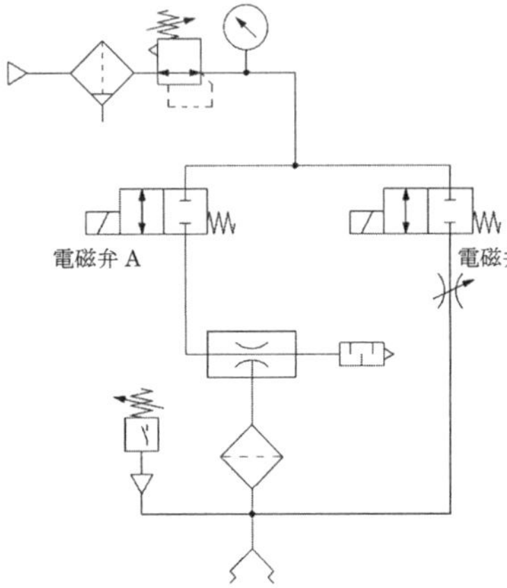

ワークの吸着工程において、真空吸着パッドをワークと接触させた後、(①)に通電してから真空圧力スイッチが(②)するまでの時間が当初よりも明らかに長くなった。これは、外気に浮遊する異物やワークの剥離物を真空吸着パッドから吸引したことによる真空用フィルタの(③)の目詰りか、異物による消音器の(④)の目詰りが原因として考えられる。したがって、真空用フィルタの(③)や消音器は定期的に交換することが必要である。

また、真空吸着パッドの摩耗や劣化が原因でワークとの(⑤)が低下し、前記同様の現象に至ることがある。よって、真空吸着パッドも消耗品として定期的に交換する必要があるが、交換サイクルが短い場合は、ワークへの押付け力が(⑥)過ぎないか、(⑦)が使用環境に適合しているかを確認し、改善する必要もある。

次に、ワークの離脱工程において、(⑧)に通電してから、圧力スイッチが(⑨)するまでの時間が当初よりも明らかに長くなった。これは、異物による絞り弁の目詰まりが原因であり、速やかに清掃又は交換する必要がある。

なお、静電気の発生するワークに対しては、(⑩)の真空吸着パッドを選定した方がよい。

[語群]

記号	語句	記号	語句	記号	語句	記号	語句
ア	電磁弁 A	イ	電磁弁 B	ウ	導電性材質	エ	絶縁性材質
オ	ON	カ	OFF	キ	高温	ク	低温
ケ	粘着力	コ	フィルタエレメント	サ	吸音材	シ	エジェクタ
ス	材質	セ	流量	ソ	気密性	タ	透過性
チ	強	ツ	弱				

空気圧装置組立て

学科試験問題

令和４年度 技能検定
２級 空気圧装置組立て 学科試験問題
(空気圧装置組立て作業)

1. 試験時間　1時間40分
2. 問題数　　50題(A群25題、B群25題)
3. 注意事項

(1) 係員の指示があるまで、この表紙はあけないでください。

(2) 答案用紙(真偽法と多肢択一法の併用)に検定職種名、作業名、級別、受検番号、氏名を必ず記入してください。

(3) 係員の指示に従って、問題数を確かめてください。それらに異常がある場合は、黙って手を挙げてください。問題はA群(真偽法)とB群(多肢択一法)とに分かれています。

(4) 試験開始の合図で始めてください。

(5) 解答の方法(真偽法と多肢択一法の併用)は次のとおりです。

イ. A群の問題(真偽法)は、一つ一つの問題の内容が正しいか、誤っているかを判断して解答してください。

ロ. B群の問題(多肢択一法)は、正解と思うものを一つだけ選んで、解答してください。二つ以上に解答した場合は誤答となります。

ハ. 答案用紙(マークシート用紙)へ解答する際は、答案用紙に記載されている注意事項に従ってください。

ニ. 答案用紙の解答欄は、A群の問題とB群の問題とでは異なります。所定の解答欄に、試験問題の題数に応じて解答してください。解答欄はA群は50題まで、B群は25題まで解答できるようになっています。

(6) 電子式卓上計算機その他これと同等の機能を有するものは、使用してはいけません。

(7) 携帯電話、スマートフォン、ウェアラブル端末等は、使用してはいけません。

(8) 試験中、質問があるときは、黙って手を挙げてください。ただし、試験問題の内容、漢字の読み方等に関する質問にはお答えできません。

(9) 試験終了時刻前に解答ができあがった場合は、黙って手を挙げて、係員の指示に従ってください。

(10) 試験中に手洗いに立ちたいときは、黙って手を挙げて、係員の指示に従ってください。

(11) 試験終了の合図があったら、筆記用具を置き、係員の指示に従ってください。

［A群（真偽法）］

1 内径の異なる管を直列につないで、圧縮空気を安定して流した場合、管路のどの位置でも流速は一定である。

2 ゲージ圧力とは、大気圧を基準として表した圧力をいう。

3 クラッキング圧力とは、弁が開き始める圧力で、ある一定の流量が認められるなどの条件を満たす圧力のことである。

4 エアドライヤの冷凍式と吸着式とを比較した場合、処理後の空気の露点は、冷凍式の方が低い。

5 2個の3ポートノーマルオープン電磁弁を用いることで、5ポート3位置エキゾーストセンタ形電磁弁と同じ制御ができる。

6 マスタバルブのパイロット操作回路には、一般に、2ポート押ボタンバルブを用いる。

7 開ループ制御とは、フィードバックループがなく、制御量を考慮せずに操作量を決定する制御をいう。

8 シーケンス制御において、位置検出にはリミットスイッチ、リミットバルブ等を使用する。

9 空気圧システムの制御において、インタロックとは、危険や異常動作を防止するため、ある動作に対して異常を生じる他の動作が起こらないように制御回路上防止する手段である。

10 空気圧機器における空気消費量は、単位時間当たりに消費した空気を供給圧力状態の体積で表示する。

11 ブルドン管圧力計は、ゲージ圧を測定するものである。

12 管用ねじの呼び径は、配管用炭素鋼鋼管の外径をミリメートルで表したものである。

13 真空パッドによる理論吸着力は、パッドの吸着面積に使用真空圧力を乗じて算出する。

14 空気圧シリンダに速度制御弁を取り付ける位置は、空気圧シリンダのポートに近いほど速度制御が行いやすい。

15 空気圧シリンダの初期の速度調整は、速度制御弁の絞り調節ねじを締め込んだ状態から徐々に開けながら行う。

［A群（真偽法)］

16　シリンダのクッション調整でバウンド現象が発生したときには、クッションニードルをもう少し絞る必要がある。

17　シリンダ用有接点スイッチが復帰しない原因の一つとして、リードスイッチの接点の溶着がある。

18　無給油空気圧シリンダを使用する場合、エアドライヤで圧縮空気の水分を除けば、空気圧フィルタを用いなくてもよい。

19　内部パイロット形電磁弁における最低使用圧力は、一般に、1～2MPaである。

20　目詰まりを起こしたフィルタエレメントを洗浄する場合には、ガソリンを使用するとよい。

21　ステンレス鋼は主な成分が鉄であるため、すべて強磁性体である。

22　日本産業規格(JIS)の油圧及び空気圧用図記号によれば、下図は、押し操作を表す記号である。

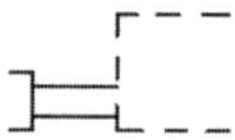

23　極数6、電源周波数50Hzの三相誘導電動機の同期回転速度は、1000min^{-1}である。

24　プログラマブルロジックコントローラ(PLC)のトライアック出力は、交流負荷用の無接点出力である。

25　労働安全衛生法関係法令によれば、機械間又はこれと他の設備との間に設ける通路については、幅50cm以上としなければならない。

［B群（多肢択一法）］

1　ドレンに関する記述として、誤っているものはどれか。

　イ　オイルフリーのコンプレッサは、ドレンを発生しない。

　ロ　ドレン中には、コンプレッサオイルが酸化しタール状になったものも含まれている。

　ハ　ドレン中には、ライン中の錆《さび》や吸入粉じん等のごみも含まれている。

　ニ　工場内の主配管は、ドレンの滞留をなくすために、下流に向かって1／100程度の下り勾配をつけておく。

2　文中の(　　)内に当てはまる数値として、適切なものはどれか。

ゲージ圧力0.1MPaの空気を等温で圧縮し、体積を(　　)にすると、空気のゲージ圧力は約0.3MPaになる。

　イ　1／4

　ロ　1／3

　ハ　1／2

　ニ　2／3

3　空気圧フィルタに関する記述として、誤っているものはどれか。

　イ　固形物の除去のために使用する。

　ロ　遊離水分の分離のために使用する。

　ハ　オイルベーパーの除去のために使用する。

　ニ　臭気の除去はできない。

4　次の電気絶縁の耐熱クラスの指定文字のうち、最も高い耐熱温度のものはどれか。

　イ　B

　ロ　E

　ハ　H

　ニ　Y

5　シャトル弁を使って入力条件が3個ある場合のOR回路を組むとき、最低いくつのシャトル弁が必要か。

　イ　1個

　ロ　2個

　ハ　3個

　ニ　4個

6　単動シリンダの両方向の速度制御に適した回路はどれか。

　イ　メータイン回路

　ロ　メータアウト回路

　ハ　メータイン・メータアウト回路

　ニ　ブリードオフ回路

［Ｂ群（多肢択一法）］

7 制御に関する記述として、誤っているものはどれか。

イ 空気圧シリンダのピストンの移動を位置検出スイッチで確認し、次の段階の入力として使用する制御は、シーケンス制御である。

ロ シーケンス制御では、位置検出を確実にするため、リミットスイッチを使用するとよい。

ハ 入力信号に対して、出力信号を任意の時間だけ遅らせて出力させるものに電磁リレーがある。

ニ シーケンス制御とは、あらかじめ定められた順序に従って制御動作の各段階を逐次進めていく制御方式のことである。

8 電気・空気圧制御に関する記述として、正しいものはどれか。

イ プログラマブルロジックコントローラ(PLC)を使用した場合、交流及び直流電源で動作する出力機器を制御することができる。

ロ 電気溶接ロボットを使用している環境下で、空気圧シリンダの位置検出をするには、一般の磁気近接スイッチを使用する。

ハ 電磁弁と制御機器の配線は、シリアル伝送方式を採用しても配線を省配線化することができない。

ニ 空気圧装置にシリアル伝送方式の電気制御を採用した場合、内外部のサージ(電気的ノイズ)に注意する必要はない。

9 減圧弁、逆止め弁、リリーフ弁等で、弁座をたたいて比較的高い音を発する一種の自励振動現象はどれか。

イ スティックスリップ

ロ キャビテーション

ハ ドリフト

ニ チャタリング

10 空気圧機器のシャトル弁に関する記述として、適切なものはどれか。

イ 一方向にだけ流体の流れを許し、反対方向には流れを阻止する。

ロ 2つの入口と、1つの共通の出口を持つ。

ハ 入口圧力が出口圧力より低下している間、出口ポートと排気ポートとを接続する。

ニ 弁座や弁の耐久性を向上させるために、弁にばねが組み込まれている。

11 ブロックゲージの組合せや取扱いに関する記述として、誤っているものはどれか。

イ 組み合わせる数は、できるだけ少なくする。

ロ 鋼製ブロックゲージの使用後は、油を塗布して保管する。

ハ リンギングさせた鋼製ブロックゲージは、すぐに測定に使用する。

ニ 寸法末尾の桁から、ブロックゲージを選ぶとよい。

［B群（多肢択一法）］

12　次の測定器のうち、比較測定器はどれか。
　イ　ノギス
　ロ　ハイトゲージ
　ハ　マイクロメータ
　ニ　ダイヤルゲージ

13　空気圧シリンダの作動調整の順序として、正しいものはどれか。
　イ　速度調整　→　圧力調整　→　クッション調整
　ロ　速度調整　→　クッション調整　→　圧力調整
　ハ　圧力調整　→　速度調整　→　クッション調整
　ニ　クッション調整　→　圧力調整　→　速度調整

14　空気圧シリンダと切換弁間の配管において、応答が良い状態として、適切なものはどれか。
　イ　配管が短い。
　ロ　配管の内径が必要以上に太い。
　ハ　配管が長くて細い。
　ニ　配管の途中にオリフィスがある。

15　減圧弁の点検内容として、誤っているものはどれか。
　イ　圧力計に狂いはないか。
　ロ　リリーフ弁に漏れはないか。
　ハ　圧力調整機能は正常か。
　ニ　ケース内にゴミが溜まっていないか。

16　空気圧装置の日常点検で行うべき項目として、次のうち、最も適切なものはどれか。
　イ　シリンダのロッドパッキンからの漏れ
　ロ　ドレン抜き
　ハ　電磁コイルの絶縁性
　ニ　減圧弁の調圧機能

17　真空パッドでワークを吸着できない原因として、誤っているものはどれか。
　イ　パッドに亀裂が生じている。
　ロ　絶対圧力が低い。
　ハ　パッドへの配管に漏れが生じている。
　ニ　ワークの表面が凸凹である。

［B群（多肢択一法）］

18　空気圧フィルタの出口側にドレンが見られる原因として、該当しないものはどれか。

　イ　ケース内のドレンがオーバーフローしている。

　ロ　エレメントが目詰まりした。

　ハ　出口側で周囲温度が大きく低下した。

　ニ　適正範囲を超えて流量が増大した。

19　空気圧用シールの交換作業に関する記述として、誤っているものはどれか。

　イ　シール表面に均一にグリースを塗布した。

　ロ　リップパッキンの装着後に、ねじれのないことを確認した。

　ハ　ピストン外周の溝に装着するため、シールをマイナスドライバで引伸ばして装着した。

　ニ　ピストンロッドのねじ部にテープを巻き、シールを通過させた。

20　片ロッド複動シリンダのパッキン交換後のエア漏れ確認方法として、誤っているものはどれか。

　イ　ロッド側ポートに圧力を供給し、ロッドパッキン部のエア漏れを確認する。

　ロ　キャップ側ポートに圧力を供給し、ロッド側のカバーとチューブの固定シール部からのエア漏れを確認する。

　ハ　キャップ側ポートに圧力を供給し、ロッド側ポートからのエア漏れを確認する。

　ニ　ロッド側ポートに圧力を供給し、キャップ側ポートからのエア漏れを確認する。

21　次の配管材のうち、チューブ外径の呼びが同じ場合、管の最小曲げ半径が最も小さいものはどれか。

　イ　ポリアミドチューブ1種

　ロ　ポリアミドチューブ2種

　ハ　ポリウレタンチューブ

　ニ　ふっ素樹脂チューブ

22　日本産業規格(JIS)によれば、下図の図記号の名称として正しいものはどれか。

　イ　圧力計

　ロ　差圧計

　ハ　温度計

　ニ　流量計

［B群（多肢択一法）］

23　抵抗に関する記述として、誤っているものはどれか。

イ　電気抵抗をいくつか接続した場合の両端子からみた抵抗を合成抵抗という。

ロ　電気抵抗の接続方法には、直列接続、並列接続、直列と並列を組み合わせた直並列接続がある。

ハ　直列接続の合成抵抗は、$R = R_1 + R_2$で求められる。

ニ　並列接続の合成抵抗は、$R = \frac{1}{R_1} + \frac{1}{R_2}$で求められる。

24　次に示す位置検出用スイッチのうち、非接触形スイッチに該当しないものはどれか。

イ　磁気近接スイッチ

ロ　光電スイッチ

ハ　リミットスイッチ

ニ　超音波スイッチ

25　文中の(　　)内に当てはまる語句として、正しいものはどれか。

労働安全衛生法関係法令によれば、第二種圧力容器は、ゲージ圧力が(　　)以上の気体をその内部に保有する容器のうち、内容積が40リットル以上か、胴の内径が200mm以上で、かつ、長さが1000mm以上の容器をいう。

イ　0.5 MPa

ロ　0.3 MPa

ハ　0.2 MPa

ニ　0.1 MPa

令和３年度 技能検定
２級 空気圧装置組立て 学科試験問題
（空気圧装置組立て作業）

1. 試験時間　1時間 40 分
2. 問題数　50 題(A 群 25 題、B 群 25 題)
3. 注意事項

（1） 係員の指示があるまで、この表紙はあけないでください。

（2） 答案用紙(真偽法と多肢択一法の併用)に検定職種名、作業名、級別、受検番号、氏名を必ず記入してください。

（3） 係員の指示に従って、問題数を確かめてください。それらに異常がある場合は、黙って手を挙げてください。問題はA 群(真偽法)と B 群(多肢択一法)とに分かれています。

（4） 試験開始の合図で始めてください。

（5） 解答の方法(真偽法と多肢択一法の併用)は次のとおりです。

イ．A 群の問題(真偽法)は、一つ一つの問題の内容が正しいか、誤っているかを判断して解答してください。

ロ．B 群の問題(多肢択一法)は、正解と思うものを一つだけ選んで、解答してください。二つ以上に解答した場合は誤答となります。

ハ．答案用紙(マークシート用紙)へ解答する際は、答案用紙に記載されている注意事項に従ってください。

ニ．答案用紙の解答欄は、A群の問題とB群の問題とでは異なります。所定の解答欄に、試験問題の題数に応じて解答してください。解答欄は A 群は 50 題まで、B 群は 25 題まで解答できるようになっています。

（6） 電子式卓上計算機その他これと同等の機能を有するものは、使用してはいけません。

（7） 携帯電話、スマートフォン、ウェアラブル端末等は、使用してはいけません。

（8） 試験中、質問があるときは、黙って手を挙げてください。ただし、試験問題の内容、漢字の読み方等に関する質問にはお答えできません。

（9） 試験終了時刻前に解答ができあがった場合は、黙って手を挙げて、係員の指示に従ってください。

（10） 試験中に手洗いに立ちたいときは、黙って手を挙げて、係員の指示に従ってください。

（11） 試験終了の合図があったら、筆記用具を置き、係員の指示に従ってください。

［A群（真偽法）］

1　空気圧システムにおける絶対圧力とは、絶対真空を基準として表した圧力をいう。

2　完全気体の体積は、絶対圧力に反比例し、絶対温度に比例する。

3　方向制御弁の弁構造は、基本的な構造を採り上げると、スプール弁と滑り弁の二つに分類できる。

4　シリンダの大きさは、チューブ内径、シリンダストローク長さ、ロッド径、ロッドのねじの呼びにより分類される。

5　下図の空気圧回路図は、単動シリンダを作動させる場合の例として正しい。

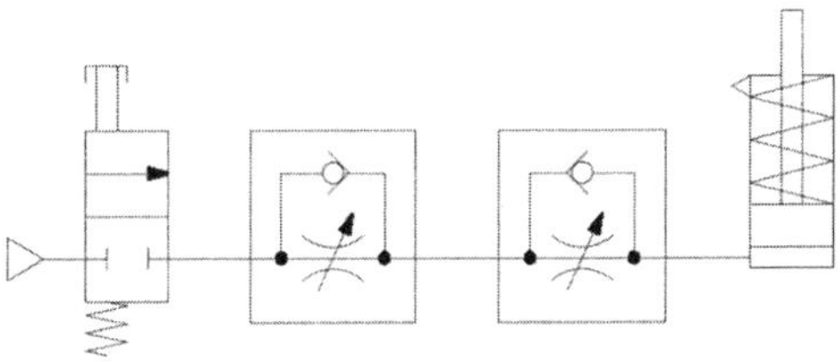

6　複動片ロッドシリンダの引込み動作を高速作動させるためには、空気圧シリンダのロッド側のポートに急速排気弁を取り付ける。

7　いくつかの空気圧シリンダなど、動作機器の動作をあらかじめ順序立てを決めておき、その一つの動作が完了したのち、次の動作に移っていく制御方法を「シーケンス制御」という。

8　インタロックとは、危険や異常動作を防止するため、ある動作に対して異常を生じる他の動作が起こらないように制御回路上防止する手段である。

9　ガスケットとは、往復運動などの運動部分に用いるシールの総称のことである。

10　臨界圧力比は、機器の流路で気体の速度が音速に達したときの上流と下流のゲージ圧力の比である。

11　ブルドン管圧力計の単位の一つとして、MPaがある。

12　管用テーパおねじは、Rで表示する。

13　一般に、電磁弁の排気は、排気ポートに配管をして空気タンクに戻す必要がある。

［A群（真偽法）］

14 揺動可能であるクレビスやトラニオン取付形式の空気圧シリンダを取り付けるときは、シリンダ自体に調芯機能が備わっているので、芯出し作業は不要である。

15 油圧式ショックアブソーバを使用したが、十分な衝撃吸収ができずにストローク端に衝突したため、対策として吸収エネルギーの大きなショックアブソーバに変更した。

16 ルブリケータへ補給する潤滑油は、タービン油がよい。

17 減圧弁のボンネットのリリーフ穴から常時空気が漏れている原因は、弁体のシール不良に限られる。

18 空気圧機器の排気ポートから水滴が放出される原因の一つとして、空気圧フィルタのドレン抜きがされていないことが考えられる。

19 空気圧機器を修理するときは、空気圧装置入口に設けた残圧排気弁を開けば、安全に作業できる。

20 ルブリケータで潤滑を行っている無給油空気圧シリンダは、ルブリケータの油がなくなっても、継続して使用してよい。

21 日本産業規格(JIS)によれば、ポリウレタンチューブの最高使用圧力は1.0MPaである。

22 日本産業規格(JIS)によれば、ルブリケータは、下図の図記号で表示する。

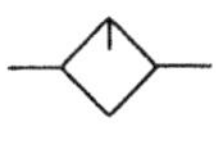

23 交流電源において正弦波波形における実効値AC100Vの最大値は、約173Vである。

24 直動形電磁弁の応答速度は、交流ソレノイドより直流ソレノイドの方が速い。

25 労働安全衛生法関係法令によれば、機械間又はこれと他の設備との間に設ける通路については、幅80cm以上のものとしなければならないと規定されている。

［B群（多肢択一法）］

1 基準状態における空気の密度として、正しいものはどれか。

イ 約0.7 kg／m^3

ロ 約1.3 kg／m^3

ハ 約1.7 kg／m^3

ニ 約2.1 kg／m^3

2 複数の空気圧要素を並列に結合した場合の合成音速コンダクタンスの簡易計算法として、正しいものはどれか。

イ 各空気圧要素の音速コンダクタンスの和

ロ 各空気圧要素の音速コンダクタンスの積

ハ 各空気圧要素の音速コンダクタンスの逆数の和

ニ 各空気圧要素の音速コンダクタンスの逆数の積

3 切換弁に関する記述として、適切なものはどれか。

イ エキゾーストセンタの切換弁は、ピストンの両側に空気を供給してシリンダを中間停止させるので、中間停止の精度が高い。

ロ プレッシャセンタの切換弁は、ピストンの両側の空気を排気してシリンダを中間停止させるので、中間停止の精度が悪い。

ハ エキゾーストセンタの切換弁は、中間停止時にシリンダ出力を無くすことができるので、シリンダを垂直方向に作動させる上では安全である。

ニ プレッシャセンタの切換弁は、ピストンの両側に空気を加圧するので、複動片ロッド形シリンダを中間停止する場合は、ピストンの両側の供給圧力を調整してバランスを取る必要がある。

4 日本産業規格(JIS)による電気絶縁の耐熱クラス130℃の指定文字はどれか。

イ A

ロ B

ハ E

ニ F

5 シャトル弁の持つ機能を表す回路は、次のうちどれか。

イ NOT回路

ロ OR回路

ハ AND回路

ニ フリップフロップ回路

［B群（多肢択一法）］

6　文中の(　　)内に当てはまる語句として、正しいものはどれか。
複動シリンダを駆動するために、ノーマルクローズ形3ポート電磁弁を2個用いて非通電時に同等な機能となる5ポート(　　)電磁弁の代わりとした。

イ　ダブルソレノイド形2位置
ロ　クローズドセンタ形3位置
ハ　エキゾーストセンタ形3位置
ニ　プレッシャセンタ形3位置

7　空油変換回路に関する記述として、誤っているものはどれか。

イ　空気圧回路中でアクチュエータを油圧で作動させるために用いる。
ロ　空油変換器を用い空気圧を油圧に変換し、低速の制御ができる。
ハ　アクチュエータが中間停止する場合、空気圧と比較して停止精度が高い。
ニ　空油変換器を用い空気圧を油圧に変換し、空気圧より高い圧力が出せる。

8　下図のアナログ信号とそれに対応した各種パルス変調信号の中で、パルス幅変調(PWM)信号はどれか。

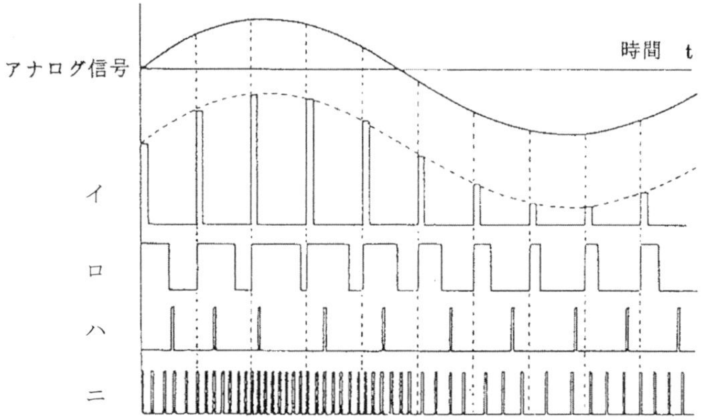

9　クラッキング圧力に関する記述として、正しいものはどれか。

イ　機器又は配管の外壁が実際に破壊する内部圧力。
ロ　定格圧力を超えた所定の圧力を所定の時間、機器又は配管に加えた後、最高使用圧力に復帰したとき、性能が保証されなければならない圧力。
ハ　シリンダクッションの、全運動質量の減速時に発生する圧力。
ニ　弁が開き始める圧力で、ある一定の流量が認められるなどの条件を満たす圧力。

［B群（多肢択一法）］

10 空気圧用語として定められている「露点」を表す単位はどれか。
- イ μm
- ロ ℃
- ハ %
- ニ kPa

11 次の測定器のうち、比較測定器はどれか。
- イ シリンダゲージ
- ロ 外側マイクロメータ
- ハ 棒形内側マイクロメータ
- ニ ハイトゲージ

12 U字管式液柱型圧力計での圧力測定方法として、適切なものはどれか。
- イ 測定圧に接続した液面の高さを計る。
- ロ 大気圧に開放した液面の高さを計る。
- ハ 測定圧に接続した液面と大気圧に開放した液面の高さの和を計る。
- ニ 測定圧に接続した液面と大気圧に開放した液面の高さの差を計る。

13 空気圧ハンド(グリッパ)に関する記述として、正しいものはどれか。
- イ ワークが重く把持力が不足したので、供給圧力を下げた。
- ロ フィンガー部の開閉速度が速いので、速度制御弁の絞りを開けた。
- ハ ワークの把持点が、ハンド本体の軸心から大きく偏心していたので、把持点が軸心にくるように変更した。
- ニ メカグリッパは、フィンガー部を空気圧で開閉させるグリッパである。

14 空気圧調整ユニットの取扱いに関する記述として、誤っているものはどれか。
- イ レギュレータは、構造上、天地逆向きに取り付けると、機能しない。
- ロ 空気圧回路に空気圧調整ユニットを取り付ける場合の順序は、原則として、一次側からフィルタ、レギュレータ、ルブリケータの順である。
- ハ エアフィルタによるドレン除去は、空気温度の低いところで行うのが効果的である。
- ニ ルブリケータの滴下量の調節は、装置を稼働させながら行う。

15 アクチュエータの運転を行う場合、次のうち、最初に行う作業はどれか。
- イ 減圧弁の圧力を設定する。
- ロ ルブリケータの滴下油量を調整する。
- ハ アクチュエータの速度制御を行う。
- ニ アクチュエータのクッション調整を行う。

［B群（多肢択一法）］

16 定期保全のために圧力供給口を閉じて装置内の空気を一度完全に排気した。保全作業が終了した後、圧縮空気再投入時の注意に関する記述として、誤っているものはどれか。

イ　圧力供給口を開いた途端、機器が動き出す場合がある。

ロ　回路の構成によっては、機器の速度が速くなることがある。

ハ　回路の構成によっては、シリンダのクッションが効かないことがある。

ニ　回路の構成によっては、シリンダ力が小さくなることがある。

17 空気圧モータの回転速度が上がらない原因として、誤っているものはどれか。

イ　配管が太過ぎる。

ロ　負荷が大き過ぎる。

ハ　速度制御弁が閉じている。

ニ　切換弁の有効断面積が小さい。

18 空気圧フィルタの二次側で流量不足を生じた場合の原因として、正しいものはどれか。

イ　エレメントのシール不良となっている。

ロ　二次側で周囲温度が変化した。

ハ　エレメントが目詰まりした。

ニ　二次側の機器の使用頻度が少なくなった。

19 直動形電磁弁の交流ソレノイドでうなり音が発生した際、点検項目として留意する必要のないものはどれか。

イ　ソレノイド吸着面へのごみの噛み込み

ロ　供給電圧の上昇

ハ　供給電圧の低下

ニ　くま取りコイルの破損、脱落

20 減圧弁の3か月～半年ごとの一般的な点検内容として、実施しないものは次のうちどれか。

イ　圧力計に狂いはないか。

ロ　ばねの錆《さび》やへたりはないか。

ハ　リリーフ弁に漏れはないか。

ニ　圧力調整機能は正常か。

［B群（多肢択一法)］

21 プラスチック材に関する記述として、誤っているものはどれか。

イ　ABS樹脂は、耐衝撃性に優れ、表面光沢及びめっき性が良いので広範囲に使用される。

ロ　アクリル樹脂は、透明性とともに加工性に優れ広く利用されている。

ハ　ポリアミドは、耐摩耗性、耐熱性、耐寒冷性及び耐衝撃性が良く、歯車、自動車部品にも使用される。

ニ　ポリカーボネートは、耐熱性、耐衝撃性、耐薬品性に優れ、空圧機器のフィルタボウルなどに使用される。

22 日本産業規格(JIS)によれば、エアドライヤの図記号として、正しいものはどれか。

イ　ロ　ハ　ニ

23 下図の電気回路図において、電流値 I として正しいものはどれか。

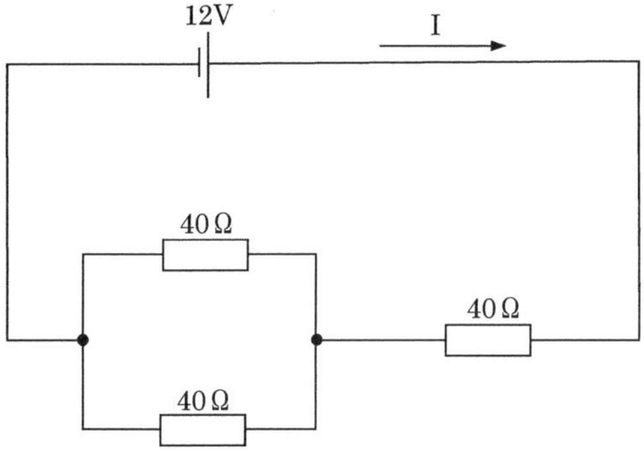

イ　100mA

ロ　200mA

ハ　400mA

ニ　5000mA

24 プログラマブルロジックコントローラ(PLC)の出力機器として、誤っているものはどれか。

イ　リレー

ロ　電磁開閉器

ハ　フォトセンサ

ニ　電磁弁

［B群（多肢択一法）］

25 文中の(　　)内に当てはまる語句として、正しいものはどれか。

労働安全衛生法関係法令によれば、第二種圧力容器は、ゲージ圧力が0.2MPa以上で、内容積が0.04m^3以上か、胴の内径が200mm以上で、かつ、その長さが(　　)以上の容器をいう。

イ　500 mm

ロ　700 mm

ハ　800 mm

ニ　1000 mm

令和２年度 技能検定
２級 空気圧装置組立て 学科試験問題
（空気圧装置組立て作業）

1. 試験時間　1時間40分
2. 問題数　50題(A群25題、B群25題)
3. 注意事項

（1） 係員の指示があるまで、この表紙はあけないでください。

（2） 答案用紙(真偽法と多肢択一法の併用)に検定職種名、作業名、級別、受検番号、氏名を必ず記入してください。

（3） 係員の指示に従って、問題数を確かめてください。それらに異常がある場合は、黙って手を挙げてください。問題はA群(真偽法)とB群(多肢択一法)とに分かれています。

（4） 試験開始の合図で始めてください。

（5） 解答の方法(真偽法と多肢択一法の併用)は次のとおりです。

イ.　A群の問題(真偽法)は、一つ一つの問題の内容が正しいか、誤っているかを判断して解答してください。

ロ.　B群の問題(多肢択一法)は、正解と思うものを一つだけ選んで、解答してください。二つ以上に解答した場合は誤答となります。

ハ.　答案用紙(マークシート用紙)へ解答する際は、答案用紙に記載されている注意事項に従ってください。

ニ.　答案用紙の解答欄は、A群の問題とB群の問題とでは異なります。所定の解答欄に、試験問題の題数に応じて解答してください。解答欄はA群は50題まで、B群は25題まで解答できるようになっています。

（6） 電子式卓上計算機その他これと同等の機能を有するものは、使用してはいけません。

（7） 携帯電話、スマートフォン、ウェアラブル端末等は、使用してはいけません。

（8） 試験中、質問があるときは、黙って手を挙げてください。ただし、試験問題の内容、漢字の読み方等に関する質問にはお答えできません。

（9） 試験終了時刻前に解答ができあがった場合は、黙って手を挙げて、係員の指示に従ってください。

（10） 試験中に手洗いに立ちたいときは、黙って手を挙げて、係員の指示に従ってください。

（11） 試験終了の合図があったら、筆記用具を置き、係員の指示に従ってください。

［A群（真偽法）］

1 内径の異なる管を直列につないで圧縮空気を安定して流した場合、管路のどの断面でも質量流量は一定である。

2 減圧弁で設定された二次側圧力は、空気消費量の変化にかかわらず常に一定である。

3 空気圧フィルタを通過した圧縮空気は、サイクロン効果により完全な乾燥空気になる。

4 揺動形アクチュエータにおいて、ベーン形は、ねじ形よりも大きい揺動角度を得ることができる。

5 安全操作用の両手同時操作回路には、フリップーフロップ回路が使用される。

6 空気圧回路中において、低速で安定した動作を得るため、空油増圧器を用いて油圧でシリンダを駆動させた。

7 開ループ制御とは、フィードバックによって制御量を目標値と比較し、それらを一致させるように操作量を生成する制御である。

8 空気圧操作弁には、空気圧信号をスプール等の弁体の端面に直接働かせ弁体を切換える直接パイロット形がある。

9 ろ過比率とは、空気圧フィルタのフィルタエレメントの空気通路の大きさを、平均直径で示した値のことである。

10 空気中に含む水分を除去し、乾燥した空気を得る機器をドレン分離機という。

11 呼び25Aの配管用炭素鋼鋼管の外径は、25mmである。

12 ルブリケータの下流側には、立上がり配管を避けるのが望ましい。

13 空気圧配管において、主送気管から支管を取り出す場合には、主送気管の下側から取り出すのがよい。

14 IP40仕様のスイッチを水滴がかかる環境で使用したところ不具合を生じたので、IP65仕様のスイッチに変更した。

15 ルブリケータで使用する潤滑油は、マシン油がよい。

［A群（真偽法）］

16 大気圧ブローに使われている最高作動圧力差0.2 MPaの2ポート直動形電磁弁は、使用圧力0.3 MPaでも開閉する。

17 空気圧装置は、室内の温度が0℃以下にならない限り、運転しても凍結の心配はない。

18 空気圧モータは、一般に、給油が必要である。

19 内部パイロット形電磁弁では、最低使用圧力は、一般に、0.1～0.2MPaである。

20 ルブリケータは、空気が流れていないときに滴下量を調整する。

21 日本産業規格(JIS)によれば、J形プッシュイン継手に適用するポリウレタンチューブの最高使用圧力(定格圧力)は0.4MPaである。

22 日本産業規格(JIS)によれば、下図の図記号は、エアドライヤである。

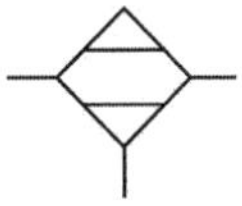

23 単相交流電動機の消費電力は、「電圧×電流×力率」で表される。

24 サーマルリレーは、電動機の過負荷や拘束状態の大電流による焼損を防止する役目をもっている。

25 フェールセーフとは、システム又はこれを構成する要素が故障しても、これに起因して労働災害が発生することのないように、あらかじめ定められた安全側の状態に固定し、故障の影響を限定することにより、作業者の安全を確保する仕組みをいう。

［B群（多肢択一法）］

1　文中の(　　)内に当てはまる数値として、適切なものはどれか。

ゲージ圧力0.1MPaの空気を等温で圧縮し、体積を(　　)にすると、空気のゲージ圧力は約0.2MPaになる。

イ　1／4

ロ　1／3

ハ　1／2

ニ　2／3

2　油圧駆動と比べた空気圧駆動に関する記述として、正しいものはどれか。

イ　高速駆動には適さない。

ロ　潤滑に注意を払う必要がない。

ハ　火災の危険が高い。

ニ　エネルギーの蓄積が容易である。

3　空気圧シリンダを高速作動させる場合の方策として、誤っているものはどれか。

イ　負荷荷重とシリンダ力の比(負荷率)を小さくする。

ロ　急速排気弁を取り付ける。

ハ　配管を長くする。

ニ　ストローク終端の衝撃の緩和対策を行う。

4　次に示す検出スイッチのうち、外部磁気の影響を受けやすいものはどれか。

イ　シリンダ用スイッチ

ロ　リミットスイッチ

ハ　光電スイッチ

ニ　超音波スイッチ

5　空気圧回路に関する記述として、誤っているものはどれか。

イ　複動シリンダ駆動回路は、最も利用度が高く、一般に、5ポート電磁弁により駆動する。

ロ　OR回路は、入力信号により出力信号が消滅する回路で、入力信号と出力信号が裏返しになっている。

ハ　フリップーフロップ回路は、入力信号と出力信号の関係が記憶機能を兼ね備えたものとなっている。

ニ　遅延回路は、入力信号を受け、出力信号までの時間を遅らせる機能回路である。

6　NOT回路に関する記述として、正しいものはどれか。

イ　1個の入力ポートと1個の出力ポートを持つ。

ロ　複数の入力ポートと1個の出力ポートを持つ。

ハ　入力信号が無いときのみ、出力が得られない。

ニ　複数の全てに入力信号が無いときのみ、出力が得られる。

［Ｂ群（多肢択一法）］

7　制御に関する記述として、誤っているものはどれか。

イ　空気圧シリンダのピストンの移動を位置検出スイッチで確認し、次の段階の入力として使用する制御は、シーケンス制御である。

ロ　シーケンス制御では、位置検出を確実にするため、電磁リレーを使用するとよい。

ハ　入力信号に対して、出力信号を任意の時間だけ遅らせて出力させるものにタイマがある。

ニ　シーケンス制御とは、あらかじめ定められた順序に従って制御動作の各段階を逐次進めていく制御方式のことである。

8　電気・空気圧制御に関する記述として、正しいものはどれか。

イ　プログラマブルロジックコントローラ(PLC)を使用した場合、交流電源で動作する出力機器は制御することができない。

ロ　電気溶接ロボットを使用している環境下で、空気圧シリンダの位置検出をするには、シリンダに取り付けた磁気センサにより行うフィードバック回路が有効である。

ハ　シーケンス制御の配線は、シリアル伝送方式を採用すると配線を省配線化することができる。

ニ　空気圧装置にシリアル伝送方式の電気制御を採用すると、内外部のサージ(電気的ノイズ)を気にしなくても済む。

9　日本産業規格(JIS)によれば、シリンダ力の定義として、正しいものはどれか。

イ　シリンダの理論出力と実際の出力との比

ロ　最高使用圧力において、ピストン面に作用する理論流体力

ハ　ピストン面積に作用する圧力によって生じる力

ニ　ストロークエンドで機械的に衝突したとき発生する力

10　圧力に関する記述として、正しいものはどれか。

イ　全圧は、流体の流れをせき止めたときの静圧である。

ロ　動圧は、流線に平行な面に及ぼす流体の圧力である。

ハ　静圧は、流線に直角な面に及ぼす流体の圧力である。

ニ　差圧は、動圧と静圧の差である。

11　次の測定器のうち、比較測定器はどれか。

イ　シリンダゲージ

ロ　外側マイクロメータ

ハ　棒形内側マイクロメータ

ニ　金属製直尺

［B群（多肢択一法）］

12　空気圧フィルタによる水分除去に関する記述として、次のうち、最も効果のあるものはどれか。

イ　圧縮機の近くの空気温度の高い所で行う。

ロ　圧縮機から離れた空気温度の低い所で行う。

ハ　配管の高い位置で行う。

ニ　配管の低い位置で行う。

13　プッシュイン継手による配管作業に関する記述として、誤っているものはどれか。

イ　配管する樹脂チューブは、継手の保持機構で把持しシールするように、十分に奥まで差し込む。

ロ　配管する樹脂チューブは、専用のカッタで直角に切断する。

ハ　配管チューブを取り外す場合は、開放機構(リリースリング)を押してから樹脂チューブを引き抜く。

ニ　ポリアミドチューブは、柔軟性に優れるため、最小曲げ半径は規定されていない。

14　次のうち、アクチュエータの運転を行う場合、最初に行う作業はどれか。

イ　クッション調整

ロ　速度調整

ハ　減圧弁の圧力の設定

ニ　ルブリケータの滴下油量の調整

15　複動シリンダを中間停止させたいときに使用する電磁弁として、正しいものはどれか。

イ　5ポート2位置シングルソレノイド電磁弁

ロ　5ポート2位置ダブルソレノイド電磁弁

ハ　5ポート3位置クローズドセンタ形電磁弁

ニ　2個の2ポート常時閉形電磁弁

16　一般的な減圧弁の二次圧上昇の原因として、誤っているものはどれか。

イ　弁ばねの折損

ロ　弁シート部の傷

ハ　調圧ばねの折損

ニ　ダイヤフラムの破れ

17　ルブリケータの不具合で、油が滴下しない原因として、当てはまらないものはどれか。

イ　入口側圧力の変動

ロ　ケース内油量の不足

ハ　滴下に必要な空気流量不足

ニ　油道又は油量調整ねじ部の詰まり

［B群（多肢択一法）］

18 空気圧フィルタの点検作業に関する記述として、正しいものはどれか。

イ 透明ケースにクラックが認められたが、エア漏れがないため交換しなかった。

ロ 汚れた透明ケースをアルコールで洗浄した。

ハ 圧力降下が大きくなったため、エレメントを交換した。

ニ 不織布製のエレメントを洗浄した。

19 空気圧シリンダのエア漏れの確認方法として、適切でないものはどれか。

イ 最低作動圧力によるエア漏れを確認する。

ロ 最高使用圧力の2倍の圧力によるエア漏れを確認する。

ハ 使用圧力によるエア漏れを確認する。

ニ 最高使用圧力によるエア漏れを確認する。

20 片ロッド複動シリンダのパッキン交換後のエア漏れ確認方法として、誤っているものはどれか。

イ キャップ側ポートに圧力を供給し、ロッドパッキン部のエア漏れを確認する。

ロ ロッド側ポートに圧力を供給し、カバーとチューブの固定シール部からのエア漏れを確認する。

ハ キャップ側ポートに圧力を供給し、ロッド側ポートからのエア漏れを確認する。

ニ ロッド側ポートに圧力を供給し、キャップ側ポートからのエア漏れを確認する。

21 空気圧機器用のシール材に使用されるゴム材料に関する記述として、誤っているものはどれか。

イ ウレタンゴムは、耐摩耗性に優れている。

ロ ふっ素ゴムは、耐熱性、耐候性に優れている。

ハ ニトリルゴムは、耐オゾン性に優れている。

ニ シリコーンゴムは、耐熱性、耐候性に優れている。

22 日本産業規格(JIS)によれば、下記図記号の名称として、正しいものはどれか。

イ 圧力計

ロ 差圧計

ハ 温度計

ニ 流量計

［B群（多肢択一法）］

23 電圧100V、抵抗20Ωの電気回路に流れる電流値はどれか。

イ 2000A

ロ 120A

ハ 5A

ニ 0.2A

24 プログラマブルロジックコントローラ(PLC)の入力機器として、誤っているものはどれか。

イ 光電スイッチ

ロ LED

ハ シリンダスイッチ

ニ 近接センサ

25 文中の(　　)内に当てはまる語句として、正しいものはどれか。

ボイラー及び圧力容器安全規則によれば、第二種圧力容器は、ゲージ圧力が0.2MPa以上で、内容積が0.04m^3以上か、胴の内径が(　　)以上で、かつ、その長さが1000mm以上の容器をいう。

イ 140mm

ロ 160mm

ハ 180mm

ニ 200mm

令和4年度 技能検定
1級 空気圧装置組立て 学科試験問題
(空気圧装置組立て作業)

1. 試験時間　1時間40分
2. 問題数　50題(A群25題、B群25題)
3. 注意事項

(1) 係員の指示があるまで、この表紙はあけないでください。

(2) 答案用紙(真偽法と多肢択一法の併用)に検定職種名、作業名、級別、受検番号、氏名を必ず記入してください。

(3) 係員の指示に従って、問題数を確かめてください。それらに異常がある場合は、黙って手を挙げてください。問題はA群(真偽法)とB群(多肢択一法)とに分かれています。

(4) 試験開始の合図で始めてください。

(5) 解答の方法(真偽法と多肢択一法の併用)は次のとおりです。

イ. A群の問題(真偽法)は、一つ一つの問題の内容が正しいか、誤っているかを判断して解答してください。

ロ. B群の問題(多肢択一法)は、正解と思うものを一つだけ選んで、解答してください。二つ以上に解答した場合は誤答となります。

ハ. 答案用紙(マークシート用紙)へ解答する際は、答案用紙に記載されている注意事項に従ってください。

ニ. 答案用紙の解答欄は、A群の問題とB群の問題とでは異なります。所定の解答欄に、試験問題の題数に応じて解答してください。解答欄はA群は50題まで、B群は25題まで解答できるようになっています。

(6) 電子式卓上計算機その他これと同等の機能を有するものは、使用してはいけません。

(7) 携帯電話、スマートフォン、ウェアラブル端末等は、使用してはいけません。

(8) 試験中、質問があるときは、黙って手を挙げてください。ただし、試験問題の内容、漢字の読み方等に関する質問にはお答えできません。

(9) 試験終了時刻前に解答ができあがった場合は、黙って手を挙げて、係員の指示に従ってください。

(10) 試験中に手洗いに立ちたいときは、黙って手を挙げて、係員の指示に従ってください。

(11) 試験終了の合図があったら、筆記用具を置き、係員の指示に従ってください。

［A群（真偽法）］

1 チョーク流れとは、機器の上流側圧力が下流側圧力に対して高いとき、機器のある部分で速度が音速になる流れをいう。

2 一般に、「湿度何％」という場合には相対湿度を示す。

3 空気圧フィルタは、ディフレクタにより流入した圧縮空気に旋回運動を与え、そのサイクロン効果により水滴や異物を分離する。

4 空気圧シリンダには、空気圧の圧縮性を利用したクッション機構があるので、大きな慣性負荷が掛かっても常に衝撃を吸収できる。

5 ブレーキ付複動空気圧シリンダを3ポート電磁弁で作動させる回路では、一般に、シリンダ部とブレーキ部のいずれにもノーマルクローズ形3ポート電磁弁が使用される。

6 シャトル弁を使用してOR回路を組む場合、入力信号数が2個のとき使用するシャトル弁は1個である。

7 フェールセーフとは、危険や異常動作を防止するため、ある動作に対して異常を生じる他の動作が起こらないように制御回路上防止する手段のことである。

8 片ロッド複動シリンダの押し側推力と引き側推力を個々に調整したい場合、シリンダと切換弁の間にノンリリーフ形の減圧弁を使用する。

9 3位置弁の中央位置で出口ポートと排気ポートとが接続され、入口ポートが閉じている流れの形をクローズドセンタという。

10 パイプねじ切り器(オスタ型)には、4枚のチェーザ(刃物)が円周に配列されているが、取付け順序は決められていない。

11 工場内の主配管は、ドレンの排出を容易にするため、下流に向かって1／100程度の下り勾配をつけておく。

12 フート形シリンダを使用する場合は、ピストンロッド先端部と負荷との連結部に、ユニバーサルジョイントのような軸ずれを補正する機構を設けずに強固に組み付ける。

13 空気圧縮機の吸込空気は、温度が上昇すると圧縮機の効率が向上するため、温度が高いほど省エネルギーになる。

14 空気圧機器の潤滑油には、マシン油が最適である。

15 空油変換器は、垂直に取り付ける。

［Ａ群（真偽法）］

16　メタルシール方式の電磁弁において、タールによる固着現象を防ぐためには、オイルミストセパレータを設置するとよい。

17　プッシュイン継手に配管をする場合、ポリウレタンチューブは軟らかいので、チューブの外径精度は問題にならない。

18　冷凍式エアドライヤの出口側で水滴が生じる原因の一つには、処理空気量が多過ぎることが考えられる。

19　水素化ニトリルゴムは、ニトリルゴムより、耐オゾン性に優れている。

20　日本産業規格(JIS)によれば、推奨するはめあい方式の穴基準、H6における「すきまばめ」において、最もすきまが小さく公差の狭いものは、H6h5の組合せである。

21　回路中の任意の接続点に流入する電流の総和は、流出する電流の総和に等しい。これは、キルヒホッフの第1法則である。

22　下図におけるダイオードの位置は、DCソレノイドを用いたときのサージ電圧対策として正しい。

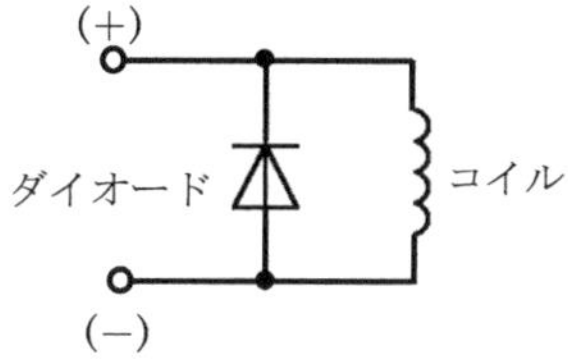

23　油圧用アキュムレータは、回路内に溜まったエアを抜き取るために使われる。

24　日本産業規格(JIS)では、流量調整弁を「＜油圧＞入口圧力又は背圧の変化に関係なく、流量を所定の値に保持することができる圧力補償機能をもつ流量制御弁。」と規定している。

25　労働安全衛生法関係法令によれば、使用圧力が0.5MPaの空気圧シリンダで、チューブ内径が200mm、かつ、ストロークが1000mmのものは、第二種圧力容器に該当する。

［Ｂ群（多肢択一法）］

1 空気圧の基礎理論に関する記述として、誤っているものはどれか。

イ 一定量の気体を定温下で圧力を変えると、その体積は圧力に反比例する。

ロ 一定量の気体を定圧のもとで温度変化させると、その体積は絶対温度に比例する。

ハ ボイル・シャールの法則に従う気体を完全気体(理想気体)という。

ニ 気体の状態変化は、等温変化、断熱変化、ポリトロープ変化及び等圧変化の4つに限られる。

2 空気の状態変化とポリトロープ指数に関する記述として、正しいものはどれか。

イ 空気を等積変化させた場合のポリトロープ指数は、0.5である。

ロ 空気を等圧変化させた場合のポリトロープ指数は、1である。

ハ 空気を等温変化させた場合のポリトロープ指数は、1.25である。

ニ 空気を断熱変化させた場合のポリトロープ指数は、1.4である。

3 容積形でない空気圧縮機はどれか。

イ スクロール式圧縮機

ロ 往復式圧縮機

ハ スクリュー式圧縮機

ニ ターボ式圧縮機

4 文中の(　　)内に当てはまる数値の組合せとして、適切なものはどれか。

日本産業規格(JIS)によれば、空気圧用消音器の耐圧試験は、消音器の内部に異物を入れて目詰まりさせ、最高使用圧力の(　①　)の圧力を(　②　)保持し、有害な欠陥の有無を調べる。

	①	②
イ	1.5倍	2分間
ロ	1.5倍	1分間
ハ	1.25倍	2分間
ニ	1.25倍	1分間

5 空気圧モータに関する記述として、誤っているものはどれか。

イ トルクは、回転数が低いほど高い。

ロ 回転数は、負荷が高くなるほど低くなる。

ハ 空気消費量は、回転数が高くなるほど増加する。

ニ 出力は、無負荷時の回転数のとき最大となる。

6 フィードバック制御に関する記述として、適切でないものはどれか。

イ 制御対象の現象を用いて、目標値に一致させようとする制御のことである。

ロ 出力側の信号を入力側に戻す信号経路が存在し、閉ループを形成する。

ハ 制御対象の現象で比較・演算を行うので、反応遅れが出てしまう。

ニ 制御対象の現象を予測し、あらかじめ目標値を調整する制御のことである。

［B群（多肢択一法）］

7　シーケンス制御に関する記述として、誤っているものはどれか。
　イ　有接点リレーを用いて、制御回路を作ることができる。
　ロ　動作に対する外乱要素が多い環境の制御に適している。
　ハ　決められた動作を繰返し行う、自動制御に適している。
　ニ　あらかじめ定められた順序に従って、各段階を逐次進めていく制御である。

8　リリーフ弁の機能に関する記述として、正しいものはどれか。
　イ　機器、管などの破壊を防止するために、回路の最高圧力を制限する。
　ロ　入口圧力又は出口流量が変化しても、入口圧力よりも低い範囲で出口圧力をほぼ一定に保つ。
　ハ　回路内の圧力を設定値に保持するために、流体の一部又は全部を逃がす。
　ニ　外部パイロット圧力が所定の圧力に達すると、入口側からタンク側への自由流れを許す。

9　日本産業規格(JIS)によれば、マイクロメータに関する記述として、誤っているものはどれか。
　イ　マイクロメータにおけるスリーブ及びシンブルの目盛形式には、ねじのピッチ0.5mmと1.0mmの2種類がある。
　ロ　指示誤差とは、マイクロメータの指示値から対応する入力量としての真の値を差し引いた値のことをいう。
　ハ　スピンドルをクランプ装置などによって固定する場合(クランプ装置を備えている場合)、スピンドルは確実に固定でき、指示値の変化は、2μmを超えてはならない。
　ニ　外側マイクロメータのスピンドルの送り誤差は、7μmである。

10　ビッカース硬さ試験に関する記述として、正しいものはどれか。
　イ　対面角136°の正四角すいのダイヤモンド圧子を一定の試験荷重で試料の表面に押し込み、生じた永久くぼみの大きさから、試料の硬さを求める。
　ロ　先端に球形の小さいダイヤモンドをつけたハンマを一定の高さから試料の上に落下させ、ハンマのはね上がりの高さから硬さを求める。
　ハ　超硬合金球の圧子を試料の表面に、一定の荷重で一定の時間押し付けたときにできるくぼみの表面積をもとに硬さを求める。
　ニ　鋼球又は超硬合金の圧子で、試料に初荷重と試験荷重の2度の荷重を加えてできるくぼみの深さの差をもとに硬さを求める。

11　日本産業規格(JIS)によれば、六角棒スパナの「呼び」として、正しいものはどれか。
　イ　二面幅
　ロ　締付けトルク値
　ハ　長柄の長さ
　ニ　対角距離

［B群（多肢択一法）］

12 空油変換器を用いた装置に関する記述として、正しいものはどれか。

イ 空油変換器から配管を立ち上げ、低油圧シリンダに接続する。

ロ 低油圧シリンダよりも、空油変換器を低い位置に設置する。

ハ 空油変換器から低油圧シリンダまでの配管は、空気圧の場合よりも細い配管とする。

ニ アクチュエータを作動させたとき、空油変換器の油面の速度を200mm/s以下にする。

13 空気圧装置に関する記述として、誤っているものはどれか。

イ エンドロック付シリンダを5ポート3位置プレッシャセンタ形電磁弁を用いて駆動させる。

ロ 装置の圧縮空気供給側に圧力スイッチと残圧排気弁を取り付ける。

ハ ルブリケータは、必ずしもエアフィルタ、レギュレータと一体で設置する必要はない。

ニ 空気圧シリンダへの供給油量のおおよその目安としては、空気消費量10m^3(ANR)に対して1～2cm^{3}としている。

14 空気圧装置のドレン抜きに関する記述として、正しいものはどれか。

イ 配管系では、温度の高い所にドレン排水弁を設置する。

ロ 凍結のおそれがある場合は、装置を停止後、ドレン排水弁を開けておく。

ハ ドレンは装置の運転が終わったときに抜き、運転前には抜かない。

ニ 空気タンクは、毎日ドレン抜きをしない。

15 調整ハンドルを緩めても、二次側に空気漏れが継続している減圧弁の不具合原因として、適切でないものはどれか。

イ 主弁ステム作動部へのゴミの噛み込み

ロ 主弁部のゴミの噛み込み・キズ

ハ 調整ばねの折損

ニ 弁ばねの折損

16 空気圧シリンダ磁気近接スイッチの3線式無接点NPNタイプの結線の点検に関する記述として、正しいものはどれか。

イ 出力側が、青色の線に結線されている。

ロ 出力側が、茶色の線に結線されている。

ハ 直流電源のプラス側が、茶色の線に結線されている。

ニ 直流電源のマイナス側が、黒色の線に結線されている。

［Ｂ群（多肢択一法）］

17　空気圧用シールの保管及び使用上の注意に関する記述として、誤っているものはどれか。

イ　シールが接触する相手面において密閉性を保つため、通常、角には丸みを付けない。

ロ　シール装着後の機器の保管場所は、直射日光を避け、湿度が低く、年間を通じて温度37℃を超えないことが望ましい。

ハ　装着を容易にするため、一般に、シールには潤滑油やグリースを十分塗布してから装着する。

ニ　ごみや異物がある雰囲気中でシールを使用する場合には、必ずワイパリングや防じんベローズ(又はブーツ)等を併用しなければならない。

18　ニトリルゴム(NBR)の特性に関する記述として、誤っているものはどれか。

イ　ニトリルの割合が増加するにしたがって、引張強さは向上する。

ロ　ニトリルの割合が増加するにしたがって、耐摩耗性は向上する。

ハ　ニトリルの割合が増加するにしたがって、耐水性、熱水性は向上する。

ニ　ニトリルの割合が増加するにしたがって、弾性は低下する。

19　日本産業規格(JIS)によれば、急速排気弁の図記号として、正しいものはどれか。

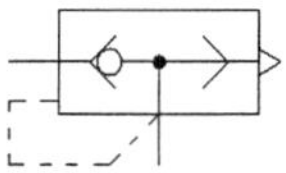
イ

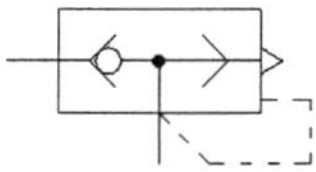
ロ

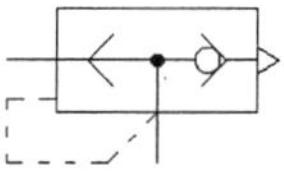
ハ

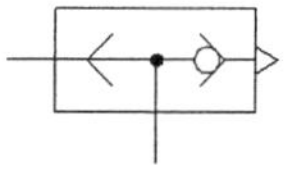
ニ

20　日本産業規格(JIS)によれば、下図の図記号の名称として、正しいものはどれか。

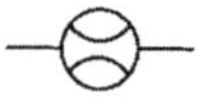

イ　差圧計

ロ　流量計

ハ　トルクメータ

ニ　回転計

［B群（多肢択一法）］

21　下図の回路における電圧V_1、V_2の組合せとして、正しいものはどれか。

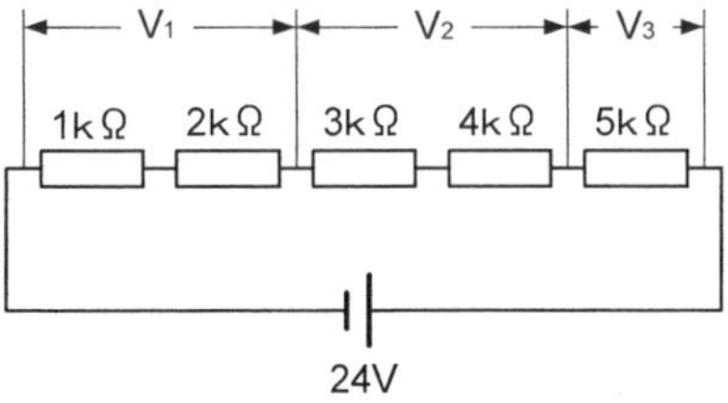

	V_1	V_2
イ	0.8V	4.8V
ロ	1.6V	8.0V
ハ	3.2V	9.6V
ニ	4.8V	11.2V

22　文中の(　　)内に当てはまる数値として、正しいものはどれか。

日本産業規格(JIS)の「配線用ヒューズ通則」によれば、A種ヒューズリンクは定格電流の(　　)に等しい電流を協約不溶断電流とするものと規定されている。

イ　105%
ロ　110%
ハ　120%
ニ　130%

23　文中の(　　)内に当てはまる語句の組合せとして、適切なものはどれか。

作動油は、空気に比べ(　①　)が小さく(　②　)が大きいので、油圧回路中にサージ圧力が発生しやすい。

	①	②
イ	管内流速	圧縮性
ロ	比重	管内流速
ハ	圧縮性	比重
ニ	圧縮性	粘度

24　文中の(　　)内に当てはまる語句の組合せとして、適切なものはどれか。

油圧のリリーフ弁は(　①　)の一つであり、所定の(　②　)になると余剰の油をタンクへ逃がすことによって、(　②　)を一定に保つ働きをする。

	①	②
イ	圧力制御弁	圧力
ロ	速度制御弁	速度
ハ	圧力制御弁	速度
ニ	速度制御弁	圧力

［B群（多肢択一法）］

25　文中の(　　)内に当てはまる数値として、正しいものはどれか。

労働安全衛生法関係法令によれば、機械間又はこれと他の設備との間に設ける通路については、幅(　　)以上のものとしなければならないと規定されている。

イ　30 cm

ロ　40 cm

ハ　60 cm

ニ　80 cm

令和３年度 技能検定
１級 空気圧装置組立て 学科試験問題
(空気圧装置組立て作業)

1. 試験時間　１時間 40 分
2. 問題数　50 題(A 群 25 題、B 群 25 題)
3. 注意事項

(１) 係員の指示があるまで、この表紙はあけないでください。

(２) 答案用紙(真偽法と多肢択一法の併用)に検定職種名、作業名、級別、受検番号、氏名を必ず記入してください。

(３) 係員の指示に従って、問題数を確かめてください。それらに異常がある場合は、黙って手を挙げてください。問題は A 群(真偽法)と B 群(多肢択一法)とに分かれています。

(４) 試験開始の合図で始めてください。

(５) 解答の方法(真偽法と多肢択一法の併用)は次のとおりです。

イ． A 群の問題(真偽法)は、一つ一つの問題の内容が正しいか、誤っているかを判断して解答してください。

ロ． B 群の問題(多肢択一法)は、正解と思うものを一つだけ選んで、解答してください。二つ以上に解答した場合は誤答となります。

ハ． 答案用紙(マークシート用紙)へ解答する際は、答案用紙に記載されている注意事項に従ってください。

ニ． 答案用紙の解答欄は、A 群の問題と B 群の問題とでは異なります。所定の解答欄に、試験問題の題数に応じて解答してください。解答欄は A 群は 50 題まで、B 群は 25 題まで解答できるようになっています。

(６) 電子式卓上計算機その他これと同等の機能を有するものは、使用してはいけません。

(７) 携帯電話、スマートフォン、ウェアラブル端末等は、使用してはいけません。

(８) 試験中、質問があるときは、黙って手を挙げてください。ただし、試験問題の内容、漢字の読み方等に関する質問にはお答えできません。

(９) 試験終了時刻前に解答ができあがった場合は、黙って手を挙げて、係員の指示に従ってください。

(10) 試験中に手洗いに立ちたいときは、黙って手を挙げて、係員の指示に従ってください。

(11) 試験終了の合図があったら、筆記用具を置き、係員の指示に従ってください。

［Ａ群（真偽法）］

1 同じ断面積の配管内で、定常状態で一定温度の圧縮空気の流れでは、上流側よりも下流側の方が流速は速い。

2 異なる温度の湿り空気は、相対湿度が等しければ露点も等しい。

3 デュアルストロークシリンダは、ピストンを2枚連ねて2倍の出力が得られるようにしたものである。

4 電磁弁に用いられるソレノイドの電気絶縁の耐熱クラスの指定文字は、A→B→E→F→Hの順に許容最高温度が高くなる。

5 内部パイロット形3位置方向制御弁の両方のACソレノイドに同時に通電すると、プランジャが動かないので、コイルが焼損する。

6 複動シリンダの制御に2個の3ポートノーマルクローズ電磁弁を並列に用いることで、5ポート3位置クローズドセンタ電磁弁と同じ制御ができる。

7 位置決め制御において、アブソリュート方式は、1回ごとの停止点を次の位置決めの起点として、指定された方向と距離により位置を示す相対番地方式のことである。

8 空気圧回路におけるシーケンス制御は、一般に、位置、時間及び圧力によるものがある。

9 日本産業規格(JIS)の「油圧・空気圧システム及び機器－用語」によれば、標準状態とは、温度20℃、絶対圧力101.3kPa、相対湿度65％の空気の状態である。

10 日本産業規格(JIS)によれば、圧力の単位はパスカル(Pa)とし、ブルドン管圧力計には、メガパスカル(MPa)又はキロパスカル(kPa)を使用する。

11 圧縮機の設置は、ドレンの発生を少なくするために、できるだけ温度・湿度が低く風通しのよい場所に設置する。

12 空気圧配管に配管用炭素鋼鋼管(SGP)を使用する場合には、白管よりも黒管を使用するのがよい。

13 日本産業規格(JIS)によれば、空気圧システムにおけるリリーフ弁は、システム内の圧力が機器又は配管の最高使用圧力を超える可能性がある場合、機器又は配管の近くに設けなければならないと規定されている。

14 空気圧シリンダ磁気近接スイッチの二線式無接点タイプで、リード線の長さが10mを超える場合は、保護回路をスイッチの近くに直列に接続する。

［A群（真偽法）］

15 グリッパ(ハンド)のフィンガー部分のガタが増える原因の一つにアタッチメントが長く重過ぎることがある。

16 シリンダ用2線式無接点スイッチを複数直列に接続した回路で負荷が作動しない原因は、漏れ電流が増加するためである。

17 減圧弁は使用目的に合わせて構造特徴を十分理解し、製品の流量特性線図を利用して適切なものを選定する。

18 オイルミストフィルタのエレメント交換は、一次側と二次側の圧力降下が0.1MPa以下になるように管理する。

19 マルテンサイト系ステンレス鋼は、焼入れ硬化させることができる。

20 日本産業規格(JIS)によれば、圧力スイッチ(機械調整式)は、下図の図記号で表示する。

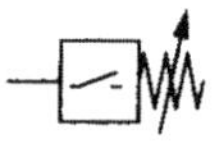

21 三相交流回路において、力率80％の電動機に200Vの電圧を加え、3464Wの電力を消費したとき、この電動機に流れた電流は、約12.5Aである。

22 50Hz定格の交流ソレノイドに60Hzの電源電圧を印加すると、その吸引力が強くなる。

23 油圧回路における油タンクは、加圧状態の油をエネルギー源として蓄積するためにある。

24 油圧ポンプの容積効率とは、実際に測定した押しのけ容積と理論押しのけ容積(幾何学的)との比である。

25 業務用消火器に表示されている適用火災の絵表示のうち、地色が黄色の場合は、油火災の消火に適応することを表す。

［B群（多肢択一法）］

1　温度29℃、相対湿度60 %の湿潤空気を、温度24℃まで冷却した場合の相対湿度として適切なものはどれか。ただし、29℃の飽和水蒸気圧は40 hPa、24℃の飽和水蒸気圧は30 hPaとする。

イ　75 %

ロ　80 %

ハ　85 %

ニ　90 %

2　空気圧機器に使用されるシールに関する記述として、正しいものはどれか。

イ　合成ゴムのNBRは、あらゆる環境で使用される。

ロ　HNBRは、NBRよりも耐オゾン性に優れている。

ハ　ふっ素ゴムは、熱水で使用する場合に適している。

ニ　ウレタンゴムは、NBRよりも耐水性に優れている。

3　日本産業規格(JIS)によれば、小形往復空気圧縮機のうち、可搬式圧縮機に用いられる空気タンクの容積に関する記述として、誤っているものはどれか。

イ　駆動電動機の定格出力5.5kWでの空気タンクの容積は、120L以上とする。

ロ　駆動電動機の定格出力3.7kWでの空気タンクの容積は、90L以上とする。

ハ　駆動電動機の定格出力2.2kWでの空気タンクの容積は、60L以上とする。

ニ　駆動電動機の定格出力1.5kWでの空気タンクの容積は、40L以上とする。

4　文中の(　　)内に当てはまる数値の組合せとして、正しいものはどれか。

日本産業規格(JIS)によれば、空気圧用速度制御弁の使用条件として、使用圧力は0.05 MPa～(　①　)、周囲温度及び使用空気温度は(　②　)である。

	①	②
イ	1MPa	−5℃～50℃
ロ	1MPa	−10℃～100℃
ハ	0.7MPa	−5℃～50℃
ニ	0.7MPa	−10℃～100℃

［B群（多肢択一法）］

5　下図に示す差動回路に関する記述として、誤っているものはどれか。

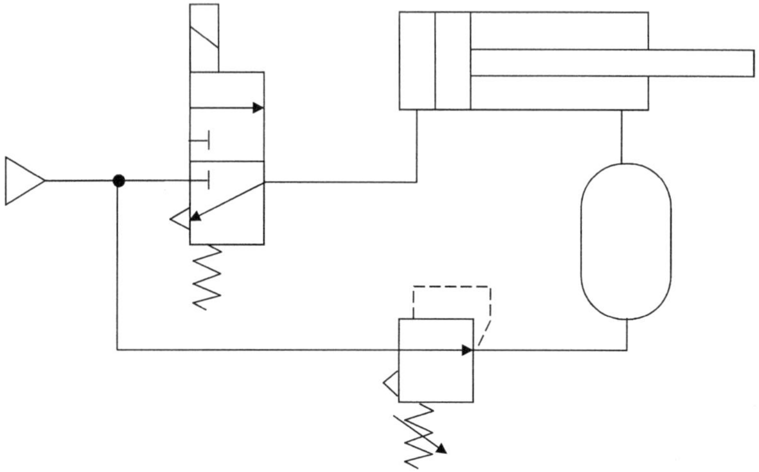

イ　シリンダ速度が比較的低速となるため、スティックスリップ現象を起こし易い。

ロ　ノンリリーフ形減圧弁を使用するとシリンダの内部空気漏れがある場合、キャップ側、ロッド側の圧力差のため、前進動作ができなくなる危険性がある。

ハ　ロッド側へのエア供給が遮断されず、常にエアを供給している状態となるため、空気消費量は多くなる。

ニ　空気タンクを設けないで使用すると、ロッド側の配管容積が少ない場合、ロッド側圧力が上昇するため、前進動作ができなくなる危険性がある。

［B群（多肢択一法）］

6　下図は、アナログ信号とアナログ信号に対応した各種パルス変調信号を示したものである。変調信号の図の符号と呼び名について、誤っているものはどれか。

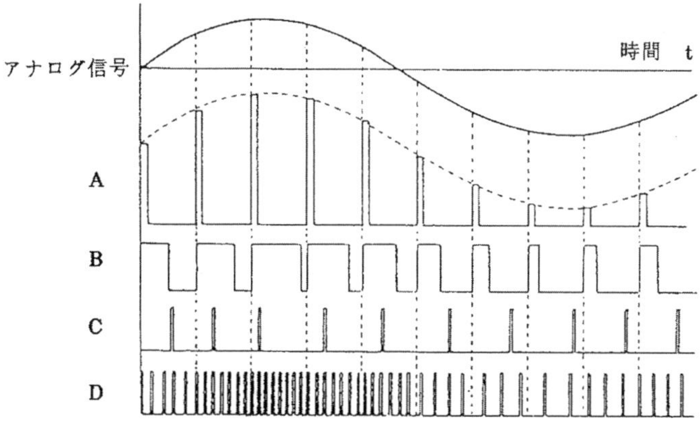

イ　Aは、パルス振幅変調(PAM)である。
ロ　Bは、パルス幅変調(PWM)である。
ハ　Cは、パルス位置変調(PPM)である。
ニ　Dは、パルス符号変調(PCM)である。

7　空気圧シリンダと切換弁の間に減圧弁を入れて圧力制御する場合の減圧弁の種類として、適切なものはどれか。

イ　リリーフ付減圧弁
ロ　チェック弁付減圧弁
ハ　パイロット作動形減圧弁
ニ　精密減圧弁

8　文中の(　　)内に当てはまる語句の組合せとして、適切なものはどれか。

空気圧機器が作動を始める最低の圧力を(　①　)といい、機器の作動を保証できる最低の圧力を(　②　)という。

	①	②
イ	最低作動圧力	最低使用圧力
ロ	最低作動圧力	最低始動圧力
ハ	始動圧力	最低作動圧力
ニ	始動圧力	最低使用圧力

［B群（多肢択一法）］

9　ブリネル硬さ試験に関する記述として、正しいものはどれか。

イ　対面角136°の正四角すいのダイヤモンド圧子を一定の試験力で試料の試験面に押し込み、生じた永久くぼみの大きさから、試料の硬さを求める。

ロ　先端に球形の小さいダイヤモンドをつけたハンマを一定の高さから試料の上に落下させ、ハンマのはね上がりの高さから硬さを求める。

ハ　超硬合金球の圧子を試料の表面に、一定の試験力で一定の時間押し付けたときにできるくぼみの表面積をもとに硬さを求める。

ニ　鋼球又は超硬合金の圧子で、試料に初試験力と追加試験力の2度の試験力を加えてできるくぼみの深さの差をもとに硬さを求める。

10　日本産業規格(JIS)によれば、39mmを20等分したバーニヤ目盛の付いたノギスの最小読取値として、正しいものはどれか。

イ　0.2 mm

ロ　0.1 mm

ハ　0.05 mm

ニ　0.02 mm

11　空気圧シリンダに関する記述として、誤っているものはどれか。

イ　フート取付け形式の空気圧シリンダを組み付けるに当たって、取付け面の平面度が出ていることを確認した。

ロ　空気圧シリンダを組み付けた後に、ピストンロッドと負荷の芯出し確認のために高圧による作動確認をした。

ハ　長ストロークの空気圧シリンダを使用するに当たって、ピストンロッドの座屈強度計算を実施して使用可能限界内であることを確認した。

ニ　給油仕様の空気圧シリンダを使用するに当たって、ルブリケータの潤滑油がタービン油であることを確認した。

12　空油変換器を用いた装置に関する記述として、正しいものはどれか。

イ　空油変換器から配管を立ち上げ、低油圧シリンダに接続する。

ロ　低油圧シリンダよりも、空油変換器を高い位置に設置する。

ハ　空油変換器から低油圧シリンダまでの配管は、空気圧の場合よりも細い配管とする。

ニ　アクチュエータを作動させたとき、空油変換器の油面の速度を500mm/sにする。

13　吸着搬送用に使用される真空機器に関する記述として、誤っているものはどれか。

イ　ダンボールなどの通気性があるワークの場合は、吸込流量が多いタイプより、真空圧力が高いタイプを使用する。

ロ　真空圧力を上げると、真空吸着パッドの吸着力は高くなる。

ハ　ワークをパッドから離脱させるため、真空用切換弁を閉じ、正圧をパッドへ供給する。

ニ　真空エジェクタ(真空発生器)は、一対のノズルとディフューザから構成され真空を発生させる機器である。

［B群（多肢択一法）］

14 仕様が、最高使用圧力1.5MPa、最高作動圧力差0.7MPa、最低作動圧力差0MPaの電磁弁を、出口圧力0.3MPaの回路の開閉用に設置した。このときに設定できる入口圧力の最大値として、正しいものはどれか。

イ 1.5MPa

ロ 1.2MPa

ハ 1.0MPa

ニ 0.7MPa

15 外力が作用せず水平に移動する台車を、片ロッド形の空気圧シリンダを使用して高速で駆動している。プレッシャセンタ形3位置電磁弁を使用し、中間停止を行っていたが、中間停止時の台車位置が微速度で、シリンダのロッドが出る方向へ移動する故障が発生した。その原因の発見方法として、適切なものはどれか。

イ シリンダに外部漏れがないか石鹸水を使用して確認する。

ロ シリンダに内部漏れがないか配管を外して確認する。

ハ バルブに漏れがないか確認する。

ニ 設定圧力が変化していないか確認する。

16 空気圧フィルタのフロート式自動排水装置が作動しない原因として、適切なものはどれか。

イ フィルタ内部の圧力が高過ぎる。

ロ フィルタ内の空気の流速が速過ぎる。

ハ ドレンがバッフルを超えて溜まった。

ニ 自動排水装置の弁部に異物が詰まっている。

17 ドレン対策として、正しいものはどれか。

イ 個々の分岐点では、主送気管から立上がり支管で空気を取り出す。

ロ 主送気管には、空気の流れ方向に1／100の上り勾配を設ける。

ハ 梅雨時は、冷凍式エアドライヤの圧力露点を0℃よりも低くする。

ニ 冬場は、空気が乾燥しているので、エアドライヤの運転を止める。

18 日本産業規格(JIS)によれば、ステンレス鋼の材料表示のうち、オーステナイト系ステンレス鋼を表すものはどれか。

イ SUS631

ロ SUS410

ハ SUS430

ニ SUS304

［B群（多肢択一法）］

19　日本産業規格(JIS)によれば、下図の電気用図記号の名称として正しいものはどれか。

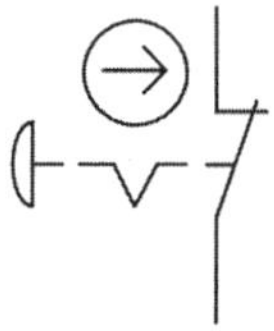

イ　非常停止スイッチ
ロ　手動操作のひねりスイッチ(非自動復帰)
ハ　手動操作の引きボタンスイッチ(自動復帰)
ニ　手動操作の押しボタンスイッチ(自動復帰)

20　日本産業規格(JIS)によれば、下図の図記号の名称として、正しいものはどれか。

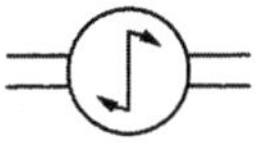

イ　差圧計
ロ　流量計
ハ　トルクメータ
ニ　回転計

21　16Ω、20Ωの電気抵抗と、抵抗の大きさがわからない電気抵抗Rを下図のようにつないだ回路をつくり、直流電源を用いて電流を流すと、電流計は300mA、電圧計は3.2Vを示した。この場合、抵抗Rの値として、正しいものはどれか。

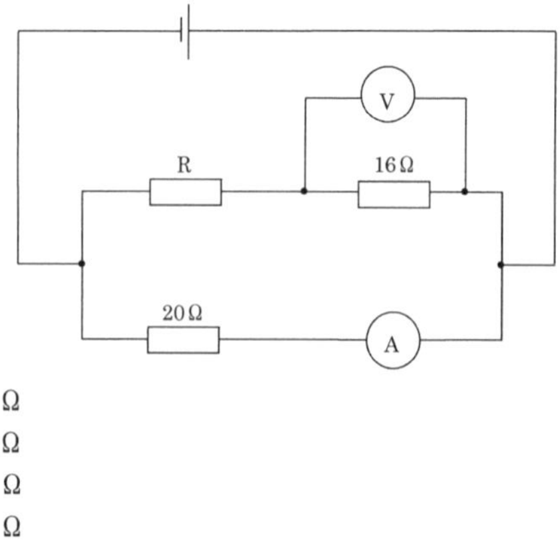

イ　4 Ω
ロ　8 Ω
ハ　14 Ω
ニ　34 Ω

［B群（多肢択一法）］

22 炭素皮膜抵抗のカラーコードの配列が第1色帯から順に、茶・黒・赤・金のとき、抵抗値として正しいものはどれか。

イ 100 Ω±5%

ロ 1 kΩ±5%

ハ 10 kΩ±5%

ニ 100 kΩ±5%

23 圧力サージに関する記述として、正しいものはどれか。

イ 作動油の容量が小さいほど、圧力サージは大きい。

ロ 管路の波動伝ぱ速度が速いほど、圧力サージは大きい。

ハ 作動油の密度が小さいほど、圧力サージは大きい。

ニ 作動油の流速変化が小さいほど、圧力サージは大きい。

24 文中の(　　)内に当てはまる語句として、適切なものはどれか。

油圧の方向制御弁でメタルシール構造のものは、内部漏れがあるため、停止位置を保持する場合は、(　　)を併用することが望ましい。

イ カウンタバランス弁

ロ スロットルチェック弁

ハ パイロットチェック弁

ニ リリーフ弁

25 日本産業規格(JIS)によれば、水に対する保護等級IPX7の第二特性数字「7」の説明として、正しいものはどれか。

イ 噴流に対して保護する。

ロ 暴噴流に対して保護する。

ハ 水に浸しても影響がないように保護する。

ニ 潜水状態での使用に対して保護する。

令和２年度 技能検定
１級 空気圧装置組立て 学科試験問題
(空気圧装置組立て作業)

1. 試験時間　1時間40分
2. 問題数　50題(A群25題、B群25題)
3. 注意事項

(1) 係員の指示があるまで、この表紙はあけないでください。

(2) 答案用紙(真偽法と多肢択一法の併用)に検定職種名、作業名、級別、受検番号、氏名を必ず記入してください。

(3) 係員の指示に従って、問題数を確かめてください。それらに異常がある場合は、黙って手を挙げてください。問題はA群(真偽法)とB群(多肢択一法)とに分かれています。

(4) 試験開始の合図で始めてください。

(5) 解答の方法(真偽法と多肢択一法の併用)は次のとおりです。

イ.　A群の問題(真偽法)は、一つ一つの問題の内容が正しいか、誤っているかを判断して解答してください。

ロ.　B群の問題(多肢択一法)は、正解と思うものを一つだけ選んで、解答してください。二つ以上に解答した場合は誤答となります。

ハ.　答案用紙(マークシート用紙)へ解答する際は、答案用紙に記載されている注意事項に従ってください。

ニ.　答案用紙の解答欄は、A群の問題とB群の問題とでは異なります。所定の解答欄に、試験問題の題数に応じて解答してください。解答欄はA群は50題まで、B群は25題まで解答できるようになっています。

(6) 電子式卓上計算機その他これと同等の機能を有するものは、使用してはいけません。

(7) 携帯電話、スマートフォン、ウェアラブル端末等は、使用してはいけません。

(8) 試験中、質問があるときは、黙って手を挙げてください。ただし、試験問題の内容、漢字の読み方等に関する質問にはお答えできません。

(9) 試験終了時刻前に解答ができあがった場合は、黙って手を挙げて、係員の指示に従ってください。

(10) 試験中に手洗いに立ちたいときは、黙って手を挙げて、係員の指示に従ってください。

(11) 試験終了の合図があったら、筆記用具を置き、係員の指示に従ってください。

［A群（真偽法）］

1　5ポート3位置方向制御弁を使用し、片ロッド複動シリンダを作動中にストローク途中で空気圧の供給を遮断すると、作動速度や負荷に左右されずピストンロッドは停止する。

2　圧縮空気を膨張させる場合、断熱変化よりも等温変化をさせる方が、エネルギー損失は少ない。

3　空油変換器は、空気圧力を高圧の油圧に変換する機器である。

4　エアモータは、負荷変動があっても回転数を維持する働きがあり、常に一定のトルクを発生させることができる。

5　AND回路とNOT回路を組み合わせることにより、NAND回路ができる。

6　シャトル弁を使用してOR回路を組む場合、シャトル弁は入力信号数と同じ数だけ必要である。

7　フィードバック制御とは、閉ループ回路を形成し、制御量を目標値と比較し、それらを一致させるように操作量を生成する制御のことである。

8　日本産業規格(JIS)の電気技術文書によれば、タイムチャートは、目盛に対して時間軸を配置したシーケンスチャートである。

9　空気の標準状態とは、温度 20℃、絶対圧力 101.3kPa、相対湿度 60 % の状態のことである。

10　パイプねじ切り器(オスタ形)には、4枚のチェーザ(刃物)が円周に配列されているが、ねじの1ピッチを4等分したものであるため、取付け順序が決められている。

11　同一呼び径の細目ねじと並目ねじを同一のトルクで締め付けた場合、締付け力は並目ねじの方が大きい。

12　ストロークの長い空気圧シリンダを水平に取り付ける場合、ブシュにかかる横荷重を考慮すると、クレビス取付形式よりもトラニオン取付形式の方が望ましい。

13　ルブリケータへ給油する潤滑油として推奨されるのは、タービン油(ISO VG32)である。

14　アフタクーラは、圧縮機の直後に設置し、ドレントラップを設置するのがよい。

［A群（真偽法）］

15 ピストン差圧で作動するパイロット式電磁弁で、パイロット弁を操作したときだけ、本体の空気抜きから空気が漏れるのは、主弁側のシールのみが不良のためである。

16 シリンダが作動していないのに、電磁弁の排気ポートから排気音がする場合、電磁弁を新しいものに交換しても直らない場合がある。

17 空気圧フィルタの出口側配管内に多量のドレンが出た場合は、フィルタエレメントを交換すればよい。

18 消音器は長期間使用してもほとんど点検及び清掃の必要がない。

19 ゴムの特性として、使用温度上限を大幅に超えた環境下で起こった変化は、主として化学変化を伴うため、永久的に残る。

20 日本産業規格(JIS)によれば、下図の記号は流量計を表す。

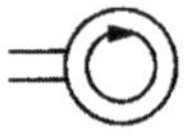

21 導体の固有電気抵抗は、一般に、温度が上昇するほど減少する。

22 三相誘導電動機では、スター結線とデルタ結線を切り換えることにより、回転方向が変わる。

23 油圧作動油は、圧力による体積変化量が小さいので、絞り弁を取り付ければ、負荷が変動しても、一定の速度でアクチュエータを動かすことが可能である。

24 油圧モータにおいて、トルクは流入量に正比例する。

25 労働安全衛生法関係法令によれば、機械間又はこれと他の設備との間に設ける通路については、幅70cmとしなければならない。

［B群（多肢択一法）］

1　空気圧機器に使用されるシール材質の特性として、誤っているものはどれか。

イ　適用される潤滑剤に対して、耐性があること。

ロ　使用される温度範囲において、急速に劣化せずに、適切な物性を保持し続けること。

ハ　空気の質に影響されず、無潤滑状態でも十分な耐久性があること。

ニ　適切な耐摩耗性と弾力性を有すること。

2　次の記述のうち、誤っているものはどれか。

イ　空気中の水分量を知る尺度としての湿度(%)は、絶対湿度を意味する。

ロ　空気中の水分が飽和水蒸気量を超えると、凝縮して水滴となる。

ハ　空気中に水分が蒸気として存在し得る量は、温度によって限界があり、その量を飽和水蒸気量という。

ニ　一定圧力下で温度を下げていった際に、水蒸気が飽和状態となり凝縮して水滴になり始める時の温度のことを露点という。

3　文中の(　　)内に当てはまる語句の組合せとして、正しいものはどれか。

日本産業規格(JIS)によれば、空気圧用速度制御弁の使用条件として、使用圧力は(　①　)～(　②　)と規定されている。

	①	②
イ	0.05 MPa	0.6 MPa
ロ	0.05 MPa	0.7 MPa
ハ	0.10 MPa	0.7 MPa
ニ	0.10 MPa	0.8 MPa

4　日本産業規格(JIS)による小形往復空気圧縮機のうち、可搬式圧縮機に用いられる空気タンクの全容積に関する記述として、誤っているものはどれか。

イ　駆動電動機の定格出力0.75kWでの空気タンクの全容積は、20L以上とする。

ロ　駆動電動機の定格出力2.2kWでの空気タンクの全容積は、40L以上とする。

ハ　駆動電動機の定格出力3.7kWでの空気タンクの全容積は、100L以上とする。

ニ　駆動電動機の定格出力5.5kWでの空気タンクの全容積は、120L以上とする。

［B群（多肢択一法）］

5　シーケンス制御に関する記述として、正しいものはどれか。

イ　あらかじめ定められた順序又は手続きに従って制御の各段階を逐次進めていく制御のことである。

ロ　外乱の情報によって、その影響が制御系に現れる前に必要な訂正動作を行う制御のことである。

ハ　環境の変化等に応じて制御系の特性を所要の条件を満たすように変化させる制御のことである。

ニ　出力変位を基準入力と比較して、その差を無くすようにフィードバックをかけて操作される制御のことである。

6　パルス変調信号で、デューティ比を変えることで制御する方式はどれか。

イ　パルス振幅変調(PAM)

ロ　パルス位置変調(PPM)

ハ　パルス幅変調(PWM)

ニ　パルス周波数変調(PFM)

7　日本産業規格(JIS)によれば、空気圧用語として定められている「公称ろ過度精度」を表す単位はどれか。

イ　μm

ロ　%

ハ　ppm

ニ　kPa

8　日本産業規格(JIS)に規定されたロックウェル硬さ試験に関する記述として、正しいものはどれか。

イ　対面角136度の正四角すいのダイヤモンド圧子を一定の試験力で試料の試験面に押し込み、生じたくぼみの大きさから硬さを求める。

ロ　先端に球形の小さいダイヤモンドをつけたハンマを一定の高さから試料の上に落下させ、ハンマのはね上がりの高さから硬さを求める。

ハ　超硬合金球の圧子を試料の表面に、一定の試験力で一定の時間押し付けたときにできるくぼみの表面積をもとに硬さを求める。

ニ　規定する寸法、形状及び材質の圧子で、試料に初試験力と追加試験力の二回の試験力を加えてできるくぼみの深さの差をもとに硬さを求める。

［Ｂ群（多肢択一法）］

9　空気圧の配管に関する記述として、誤っているものはどれか。

イ　工場配管は、圧縮機、アフタクーラ、空気タンク、メイン空気圧フィルタ、冷凍式エアドライヤ、主送気管の順に配置する。

ロ　主送気管は、ドレン等の影響による錆《さび》の発生を避けるために、白管と呼ばれる亜鉛めっきを施した管を使用する。

ハ　主送気管は、ドレンが滞留しないように約1/100の勾配をつけて下流側を低くする。

ニ　主送気管から空気圧装置への支管の施工に当たっては、主送気管の下側から取り出す。

10　空気圧装置の調整及び運転に関する記述として、誤っているものはどれか。

イ　供給圧力は、設定値に調整する。

ロ　ルブリケータの滴下油量は、閉状態から開状態へ調整する。

ハ　速度制御弁は、閉状態から開状態へ調整する。

ニ　空気圧シリンダのクッションは、開状態から閉状態へ調整する。

11　吸着搬送に使用される真空機器に関する記述として、誤っているものはどれか。

イ　エジェクタ(真空発生器)は、圧縮空気をノズルから高速で放出して真空を発生させる機器である。

ロ　真空度を高めると、吸着パッドの吸着力は高くなる。

ハ　吸着パッド側から吸い込まれたゴミなどを、エジェクタ(真空発生器)などに侵入させないようにするため、フィルタを設置する。

ニ　段ボールなどの通気性があるワークの場合には、吸込流量が大きいエジェクタ(真空発生器)より、真空度が高いエジェクタ(真空発生器)を使用する方がよい。

12　空気圧縮機の運転に関する記述として、適切なものはどれか。

イ　空気圧縮機のベルトには、潤滑のためグリースを塗る。

ロ　潤滑油の給油は、空気圧縮機の運転中に行う。

ハ　潤滑油温は、空気圧縮機の運転中に日常点検する。

ニ　断水したときは、オイルクーラ及びアフタクーラの冷却水出口の排水弁を閉じて運転する。

13　油圧ショックアブソーバのピストンロッドがフルストロークしない原因として、正しいものはどれか。

イ　ショックアブソーバ内部に空気が混入している。

ロ　衝突物のエネルギーが、ショックアブソーバの吸収エネルギーより大きい。

ハ　ロッド部に液体がかかり、ショックアブソーバ内に液体が入った。

ニ　ショックアブソーバへの衝突速度が速過ぎる。

［Ｂ群（多肢択一法)］

14　空油変換器に関する記述として、正しいものはどれか。

イ　油圧側の空気抜きは、行わなくてもよい。

ロ　一般的にアクチュエータより低位置に取り付ける。

ハ　油量を定期的に点検し、少ないときは補充する。

ニ　取付け姿勢は、油圧側を上にして行う。

15　無給油空気圧シリンダの分解メンテナンスに関する記述として、正しいものはどれか。

イ　ピストンロッドの表面を鏡面状に研磨した。

ロ　ピストンパッキンへのグリース塗布を、ピストン溝への装着後に行った。

ハ　ピストンでシリンダチューブの端に掻《か》き出されてきた余分なグリースを拭き取った。

ニ　組上げ後にピストンロッドを引き出して、表面のグリースをよく拭き取った。

16　次の空気圧システムの点検項目のうち、最も頻度を高く実施すべきものはどれか。

イ　冷凍式エアドライヤの凝縮器(コンデンサ)の目詰まり点検

ロ　空気タンク、その他のドレン排出場所のドレン抜きの点検

ハ　圧縮機の潤滑油量の確認と補給及びベルトの張り具合の点検

ニ　空気漏れの点検及びアクチュエータの緩み、ガタツキの点検

17　日本産業規格(JIS)によれば、電気絶縁の耐熱クラスにおける指定文字と許容できる温度上昇値の関係として、正しいものはどれか。

イ　A<B<E<H

ロ　H<B<E<A

ハ　A<E<B<H

ニ　H<E<B<A

18　日本産業規格(JIS)の「溶接記号」によれば、すみ肉溶接の記号として、正しいものはどれか。

イ　ロ　ハ　ニ

19　日本産業規格(JIS)によれば、空気圧縮機の図記号として、正しいものはどれか。

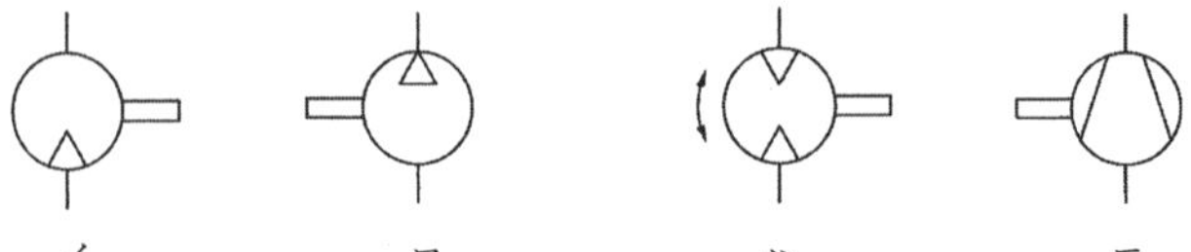

イ　ロ　ハ　ニ

［Ｂ群（多肢択一法）］

20 電気計測器に関する記述として、誤っているものはどれか。

イ ディジタル式回路計(ディジタルマルチメータ)は、直流電圧、直流電流、交流電圧、交流電流、抵抗等が測定できる。

ロ オシロスコープは、電圧の時間的変化を波形の形で画面に表示して観測する装置である。

ハ スペクトラムアナライザは、広い周波数帯域を受信可能な受信機の一種で水平軸に周波数、垂直軸にその信号が持つ周波数の振幅成分を、対数又はリニアに表示する測定器である。

ニ ロジックアナライザは、アナログ回路の動作を調べる測定器で動作確認やデバックなどに使用される。

21 抵抗器のカラーコードの配列が第1色帯から順に、茶・黒・黄・金のとき、抵抗値として、正しいものはどれか。

イ 100Ω±5%

ロ 1kΩ±5%

ハ 10kΩ±5%

ニ 100kΩ±5%

22 油圧配管中の圧力損失と、正の相関関係を持たないものはどれか。

イ 油の粘度

ロ 配管の長さ

ハ 配管の内径

ニ 油の流速

23 パッキン部分にバックアップリングを使用する目的として、正しいものはどれか。

イ パッキンを潤滑する。

ロ しゅう動部を潤滑する。

ハ 漏れを止める。

ニ パッキンのはみ出しを防止する。

24 高圧ガスに対する規制の適用に関する記述として、正しいものはどれか。

イ 窒素ガス等のボンベも適用除外となったので、5MPa以下に減圧すれば試験等で用いることが容易となった。

ロ 窒素ガス等のボンベも適用除外となったが、充填圧が5MPaを超える場合は適用されるので、注意が必要である。

ハ 35℃においてゲージ圧力5MPa以下の圧縮装置内における圧縮空気への適用は除外される。

ニ 使用圧力が1MPa未満であれば、充填圧力が高くても適用範囲外である。

空気圧装置組立て

正解表

令和４年度　２級　実技試験（計画立案等作業試験）正解表
空気圧装置組立て（空気圧装置組立て作業）

問題　正　解

1

①	②	③	④	⑤	⑥
エ	ソ	ケ	オ	イ	タ

2

設問 1

内径63mm	内径80mm
0.48 MPa	0.30 MPa

設問 2

内径63mm	内径80mm
24.0 dm^3(ANR)	26.8 dm^3(ANR)

3

①	②	③	④	⑤	⑥	⑦	⑧	⑨
シ	サ	オ	ク	セ	タ	ア	イ	ウ

4

①	②	③	④	⑤	⑥	⑦	⑧	⑨	⑩
ソ	タ	コ	ト	カ	サ	オ	セ	エ	ウ

5

①	②	③	④	⑤
セ	シ	ア	ソ	サ

6

①	②	③	④	⑤	⑥
×	○	×	×	×	○

令和３年度　２級　実技試験（計画立案等作業試験）正解表
空気圧装置組立て（空気圧装置組立て作業）

<table>
<tr><th>問題</th><th>正　　解</th></tr>
<tr><td>1</td><td>
<table>
<tr><td>①</td><td>②</td><td>③</td><td>④</td><td>⑤</td><td>⑥</td><td>⑦</td><td>⑧</td><td>⑨</td><td>⑩</td></tr>
<tr><td>○</td><td>×</td><td>×</td><td>×</td><td>×</td><td>×</td><td>×</td><td>○</td><td>○</td><td>×</td></tr>
</table>
</td></tr>
<tr><td>2</td><td>
<table>
<tr><td>①</td><td>②</td><td>③</td><td>④</td><td>⑤</td></tr>
<tr><td>サ</td><td>ク</td><td>ア</td><td>イ</td><td>セ</td></tr>
</table>
</td></tr>
<tr><td>3</td><td>
<table>
<tr><td>①</td><td>②</td><td>③</td><td>④</td><td>⑤</td><td>⑥</td><td>⑦</td><td>⑧</td></tr>
<tr><td>キ</td><td>イ</td><td>ソ</td><td>タ</td><td>コ</td><td>オ</td><td>ウ</td><td>セ</td></tr>
</table>
</td></tr>
<tr><td>4</td><td>
<table>
<tr><td>①</td><td>②</td><td>③</td><td>④</td><td>⑤</td></tr>
<tr><td>イ</td><td>ク</td><td>オ</td><td>ウ</td><td>カ</td></tr>
</table>
</td></tr>
<tr><td>5</td><td>
<table>
<tr><td>ア</td></tr>
</table>
</td></tr>
<tr><td>6</td><td>
<table>
<tr><td>設問 1</td><td>設問 2</td><td>設問 3</td></tr>
<tr><td>ウ</td><td>ウ</td><td>オ</td></tr>
</table>
</td></tr>
</table>

令和２年度　２級　実技試験（計画立案等作業試験）正解表
空気圧装置組立て（空気圧装置組立て作業）

問題	正　　解

1

設問 1

A	B	C	D	E	F	G	H
セ	キ	ア	ア	セ	ア	ア	ケ

設問 2

問 1	問 2
B	カ

2

設問 1	設問 2	設問 3
D	0.71　MPa G	イ

3

①	②	③	④	⑤	⑥	⑦	⑧	⑨	⑩
ケ	セ	コ	ス	ソ	チ	イ	オ	ク	エ

4

①	②	③	④	⑤	⑥	⑦	⑧	⑨	⑩
ア	サ	カ	ク	ウ	コ	セ	ス	チ	ト

5

①	②	③	④	⑤
ア	ケ	ク	キ	カ

6

設問 1

ⓐ	ⓑ	ⓒ	ⓓ
4	10	5	2

設問 2

ⓐ	ⓑ	ⓒ	ⓓ
コ	ア	ソ	タ

令和４年度　１級　実技試験（計画立案等作業試験）正解表
空気圧装置組立て（空気圧装置組立て作業）

問題	正　解

1

設問 1

①	②	③	④	⑤	⑥	⑦	⑧	⑨
A	E	S	M	M	D	B	F	J

設問 2

ク

2

設問 1	設問 2	設問 3	設問 4
ク	サ	ウ	ス

3

設問 1

プレス用シリンダ	クランプ用シリンダ
エ	ア

設問 2

イ

設問 3

エ

4

機器	A	B	C	D	E
語群 I	オ	ウ	イ	ア	エ
語群 II	5	3	1	2	4

5

①	②	③	④	⑤
コ	オ	ス	セ	ケ

6

イ

令和３年度　１級　実技試験（計画立案等作業試験）正解表
空気圧装置組立て（空気圧装置組立て作業）

問題	正　解

1

A	B	C	D	E
エ	ク	ク	チ	セ

2

設問 1	設問 2	設問 3	設問 4	設問 5
ア	0.28　MPa G	0.13　MPa G	4.45　dm^3 (ANR)	8　日目

3

17	18

※順不同

4

①	②	③	④	⑤
コ	ア	オ	ケ　※	ク　※

※順不同

5

ウ

6

①	②	③	④	⑤	⑥	⑦	⑧
キ	ウ	ク	オ	ア	コ	サ	エ

令和2年度　1級　実技試験（計画立案等作業試験）正解表
空気圧装置組立て（空気圧装置組立て作業）

問題	正解

問題 1

設問 1

①	②	③	④	⑤	⑥	⑦	⑧	⑨	⑩
A	B	C	F	I	H	E	G	D	J

設問 2

ア－エ	ウ－カ	イ－ケ	オ－シ	ク－コ	キ－サ

※ 設問2は組合せ自体は順不同。組合せの記号が入れ替っていても正解とする。

問題 2

設問 1	設問 2	設問 3	設問 4	設問 5
ア	0.35　MPa G	0.16　MPa G	8.28　dm³ (ANR)	5　日目

問題 3

①	②	③	④	⑤
キ	カ	エ	ウ	ソ

問題 4

①	②	③	④	⑤	⑥	⑦	⑧	⑨
7 個	0 個	2 個	2 個	2 個	2 個	3 個	0 個	2 個

問題 5

設問 1

1	2	3	4
×	×	×	○

設問 2

1	2	3	4	5
○	×	×	×	○

問題 6

①	②	③	④	⑤	⑥	⑦	⑧	⑨	⑩
ア	オ	コ	サ	ソ	チ	ス	イ	カ	ウ

令和４年度　２級　学科試験正解表
空気圧装置組立て（空気圧装置組立て作業）

真偽法

番号	１	２	３	４	５
正解	×	○	○	×	×

番号	６	７	８	９	１０
正解	×	○	○	○	×

番号	１１	１２	１３	１４	１５
正解	○	×	○	○	○

番号	１６	１７	１８	１９	２０
正解	×	○	×	×	×

番号	２１	２２	２３	２４	２５
正解	×	×	○	○	×

択一法

番号	１	２	３	４	５
正解	イ	ハ	ハ	ハ	ロ

番号	６	７	８	９	１０
正解	ハ	ハ	イ	ニ	ロ

番号	１１	１２	１３	１４	１５
正解	ハ	ニ	ハ	イ	ニ

番号	１６	１７	１８	１９	２０
正解	ロ	ロ	ロ	ハ	ロ

番号	２１	２２	２３	２４	２５
正解	ハ	イ	ニ	ハ	ハ

令和３年度　２級　学科試験正解表
空気圧装置組立て（空気圧装置組立て作業）

真偽法

番号	１	２	３	４	５
正解	○	○	×	○	×

番号	６	７	８	９	１０
正解	×	○	○	×	×

番号	１１	１２	１３	１４	１５
正解	○	○	×	×	○

番号	１６	１７	１８	１９	２０
正解	○	×	○	×	×

番号	２１	２２	２３	２４	２５
正解	×	○	×	×	○

択一法

番号	１	２	３	４	５
正解	ロ	イ	ニ	ロ	ロ

番号	６	７	８	９	１０
正解	ハ	ニ	ロ	ニ	ロ

番号	１１	１２	１３	１４	１５
正解	イ	ニ	ハ	イ	イ

番号	１６	１７	１８	１９	２０
正解	ニ	イ	ハ	ロ	ロ

番号	２１	２２	２３	２４	２５
正解	ニ	イ	ロ	ハ	ニ

令和2年度　2級　学科試験正解表
空気圧装置組立て（空気圧装置組立て作業）

真偽法

番号	1	2	3	4	5
正解	○	×	×	×	×

番号	6	7	8	9	10
正解	×	×	○	×	×

番号	11	12	13	14	15
正解	×	○	×	○	×

番号	16	17	18	19	20
正解	×	×	○	○	×

番号	21	22	23	24	25
正解	○	○	○	○	○

択一法

番号	1	2	3	4	5
正解	ニ	ニ	ハ	イ	ロ

番号	6	7	8	9	10
正解	イ	ロ	ハ	ハ	イ

番号	11	12	13	14	15
正解	イ	ロ	ニ	ハ	ハ

番号	16	17	18	19	20
正解	ハ	イ	ハ	ロ	イ

番号	21	22	23	24	25
正解	ハ	ハ	ハ	ロ	ニ

令和４年度　１級　学科試験正解表
空気圧装置組立て（空気圧装置組立て作業）

真偽法

番号	１	２	３	４	５
正解	○	○	○	×	×

番号	６	７	８	９	１０
正解	○	×	×	×	×

番号	１１	１２	１３	１４	１５
正解	○	×	×	×	○

番号	１６	１７	１８	１９	２０
正解	○	×	○	○	○

番号	２１	２２	２３	２４	２５
正解	○	○	×	○	○

択一法

番号	１	２	３	４	５
正解	ニ	ニ	ニ	ニ	ニ

番号	６	７	８	９	１０
正解	ニ	ロ	ハ	ニ	イ

番号	１１	１２	１３	１４	１５
正解	イ	ニ	イ	ロ	ハ

番号	１６	１７	１８	１９	２０
正解	ハ	イ	ハ	ロ	ロ

番号	２１	２２	２３	２４	２５
正解	ニ	ロ	ハ	イ	ニ

令和３年度　１級　学科試験正解表
空気圧装置組立て（空気圧装置組立て作業）

真偽法

番号	１	２	３	４	５
正解	○	×	×	×	×

番号	６	７	８	９	１０
正解	×	×	○	○	○

番号	１１	１２	１３	１４	１５
正解	○	×	○	○	○

番号	１６	１７	１８	１９	２０
正解	×	○	○	○	○

番号	２１	２２	２３	２４	２５
正解	○	×	×	○	○

択一法

番号	１	２	３	４	５
正解	ロ	ロ	ロ	ハ	ハ

番号	６	７	８	９	１０
正解	ニ	ロ	ハ	ハ	ハ

番号	１１	１２	１３	１４	１５
正解	ロ	ロ	イ	ハ	ニ

番号	１６	１７	１８	１９	２０
正解	ニ	イ	ニ	イ	ハ

番号	２１	２２	２３	２４	２５
正解	ハ	ロ	ロ	ハ	ハ

令和２年度　１級　学科試験正解表
空気圧装置組立て（空気圧装置組立て作業）

真偽法

番号	1	2	3	4	5
正解	X	○	X	X	○

番号	6	7	8	9	10
正解	X	○	○	X	○

番号	11	12	13	14	15
正解	X	○	○	○	X

番号	16	17	18	19	20
正解	○	X	X	○	X

番号	21	22	23	24	25
正解	X	X	X	X	X

択一法

番号	1	2	3	4	5
正解	ハ	イ	ロ	ロ	イ

番号	6	7	8	9	10
正解	ハ	イ	ニ	ニ	ニ

番号	11	12	13	14	15
正解	ニ	ハ	ハ	ハ	ハ

番号	16	17	18	19	20
正解	ロ	ハ	イ	ロ	ニ

番号	21	22	23	24	
正解	ニ	ハ	ニ	ハ	

・本書掲載の試験問題及び解答の内容についてのお問い合わせには、応じられませんのでご了承ください。
・その他についてのお問い合わせは、電話ではお受けしておりません。お問い合わせの場合は、内容、住所、氏名、電話番号、メールアドレス等を明記のうえ、郵送、FAX、メール又はWebフォームにてお送りください。
・試験問題について、都合により一部、編集しているものがあります。

令和2・3・4年度
1・2級 技能検定　試験問題集　88　空気圧装置組立て

令和5年7月　初版発行

監　修　中央職業能力開発協会
発　行　一般社団法人 雇用問題研究会
〒103-0002　東京都中央区日本橋馬喰町1-14-5 日本橋Kビル2階
TEL　03-5651-7071（代）　FAX　03-5651-7077
URL　https://www.koyoerc.or.jp
印　刷　株式会社ワイズ
223088
ISBN978-4-87563-687-8 C3000